Horst Volkmann   Der Boxer

Horst Volkmann

Der Boxer

Herausgegeben von Heinz Stühmer

Verlagsgesellschaft Rudolf Müller
Köln-Braunsfeld

Die Kapitel »Hundekrankheiten«
und »Ernährung« wurden von
Dr. med. vet. Peter Brehm verfaßt.

ISBN 3-481-26201-9
© Verlagsgesellschaft Rudolf Müller, Köln-Braunsfeld 1975
Alle Rechte vorbehalten
Umschlaggestaltung: Hans-Dieter Kluth, Erftstadt
Gesamtherstellung: Druckhaus Rudolf Müller, Köln
Printed in Germany

Inhalt

Familienzuwachs stellt sich ein

Die wahre Freude am Boxer stellt sich erst im Laufe der Jahre ein, wenn man glaubt, ihn ganz erkannt zu haben. Von den Modeerscheinungen, die die verschiedensten Hunderassen immer auf Jahre ergreift, ist er nicht betroffen. Die vielen Aufnahmen in Büchern, Zeitungen und auf Postkarten zeigen ihn als einen abgeklärten Philosophen, als gelegentlichen Eigenbrötler, doch überall spricht dabei irgend etwas Selbstbewußtes mit, das zeigt, daß er sich seiner Würde, aber auch seiner Kraft bewußt ist.

Manch ungebetener Gast hat an einer Haustür kehrt gemacht, wenn ein Boxer davor lag oder stand, der nichts anderes tat, als zu beobachten. Wie viele fühlen sich glücklich und sicher, wenn sie mit ihrem Boxer durch einsame Gegenden laufen oder abends einen solchen Begleiter haben.

Sein Wesen und sein Charakter machen ihn zum idealen Begleit- und Wachhund. Aber sein Verhalten kann man nicht kaufen wie ein Haus, in das man am nächsten Tag einziehen kann und in das der Beschützer gleich mit eingeschlossen ist.

Auch seine Erziehung kann man nicht käuflich erwerben. Jede häusliche Gemeinschaft hat ihre Eigenarten, auf die sich der Boxer in seiner Art einstellt, wodurch er zum Kameraden von Kindern und Familie wird.

Der Boxer zählt in Deutschland seit mehr als 50 Jahren zu den Dienst- und Gebrauchshunderassen. Man hat also schon frühzeitig seinen Wert als Schutzhund erkannt. Diese Wesensmerkmale durch eine planmäßige Zucht zu fördern, ist mit eine der wesentlichsten Aufgaben der Züchter von Boxern, damit es eben nicht einmal nur Mode oder Statussymbol wird, einen Boxer zu besitzen.

Er kann aber auch derjenige in der Familie sein, der alles wieder auf die Beine bringt, wenn es einen Tiefpunkt gibt.

Muß man mich nicht gern haben?

Sein Gesichtsausdruck ist in allen Situationen so unerschöpflich, daß man sich in ihn verlieben kann, und daher fällt auch seine Eingewöhnung zum vollwertigen Familienmitglied leicht.

Viel Spaß mit dem von Ihnen entdeckten Boxer!

　Im Juni 1975　　　　　　　　　　　　HORST VOLKMANN

Woher kommen die kleinen Boxer?

BOXER, welch ein stolzer Name, der sehr oft zu Verwechslungen mit dem Zweibeiner mit den großen Fausthandschuhen führt, aber so robust und kraftvoll ist er auch, na ja, eben ein richtiger Boxer.

Mit ihm hat sich die Wissenschaft – bei den Hunden heißt so etwas Kynologie – schon viel und lange beschäftigt, denn man will doch wissen, wo er nun eigentlich herstammt.

Als Kampfhund, als Bullenbeißer findet man ihn in den verschiedensten Abwandlungen in der Literatur und auf Abbildungen. Historiker berichten immer wieder von starken Kampf- und Hetzhunden, die auf den Ursprung des Boxers deuten. Zahlreiche Radierungen, Gemälde und Mosaik-Reliefs verbildlichen diese Schilderungen.

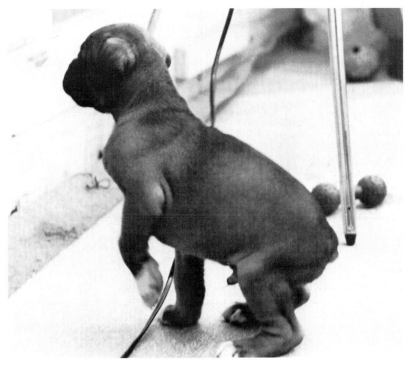

Auf dem Weg ins unbekannte Leben.

Erst Ende des vergangenen Jahrhunderts beginnt man mit einer planmäßigen und zuchtbuchmäßig festgehaltenen Zucht des Boxers. Der Name Boxer wird durch die nahe Verwandtschaft zum englischen Bullmastiff erklärbar, wenn auch für diese speziell deutsche Rasse der Name Bullenbeißer besser gewesen sein könnte. Aber wie sich in der Geschichte der Menschheit so vieles mehr durch einen Zufall ergeben hat, so wahrscheinlich auch hier.

Der Boxer ist ein kräftiger, aber nicht massiger Hund, und er gehört zu den mittelgroßen Rassen. Ein quadratischer Körper (Gebäude), starker Knochenbau und eine kräftige Muskulatur geben ihm das dominierende Äußere. Der Kopf ist eher als kurz zu bezeichnen, und im Gesamtbild seiner Erscheinung trägt er ganz wesentlich zur Schönheit bei. Ein schwarzes Gesicht (Maske) und ein möglichst dunkles Auge vervollständigen den Ausdruck, der aber eher seine überlegene Ruhe als gar Grimmigkeit darstellen soll.

Von Natur aus ist der Boxer aufmerksam und wachsam, und das wird ein Grund mit dafür sein, daß der Mensch schon seit uralten Zeiten sich dieses Hundes zu seiner Hilfe bedient und ihn somit weithin domestiziert hat. Viele sprechen auch von Vermenschlichung, aber das ist ein Fehler, und man sagt damit nur, daß manche glauben, in ihm einen Menschen zu sehen oder ihn so behandeln zu müssen.
Auf Grund seiner Intelligenz wird der Boxer zum Beschützer seines Herrn und seiner Familie, und auf Grund seiner Wachsamkeit erkennt er mancherlei Gefahren beizeiten und setzt diesen seinen angeborenen Widerstand entgegen. Als Mitglied der Familie hat er gelernt, sich selbst sicher zu fühlen und uns zugleich ein stets zuverlässiger Freund und Beschützer zu sein.

Ein Zuchtbuch ist eigentlich das gleiche wie ein Standesamts-Register, in dem nun alles festgehalten wird, was zur »Ahnenforschung« gebraucht wird. Dazu gehören der Geburtstag (Wurftag), die Stärke des Wurfes nach Farbe und Geschlecht, die Namen der Eltern und Großeltern, die neuen Rufnamen sowie der Zwingername mit dem Besitzer, und jedes Tier erhält eine seit Erfassung der Zucht ständig fortlaufende Nummer. Somit ist also jedes Tier in seinem »Stammbaum« zu verfolgen.

Um ein auf weite Gebiete einheitliches Bild eines Boxers zu erhalten, wird schon im Jahre 1905 ein »Standard«, also ein Idealbild aufgestellt, der ohne wesentliche Veränderungen bis in die jetzige Zeit erhalten geblieben ist.

Es ist für einen Züchter nicht immer leicht, alle aufgestellten Rassekennzeichen in seiner Zucht zu vereinen. Die Anforderungen gehen vom ideal schönen Hund mit den dazu nötigen Charaktereigenschaften als Schutz- und Gebrauchshund zum gesunden und gegen Krankheiten widerstandsfähigen Tier.

Daher werden auch für eine Paarung beide Elternteile einer Auslese unterzogen. Es gibt Zuchtschauen, auch Ausstellungen genannt, auf denen die äußeren Merkmale des Boxers beurteilt werden. Hier steht er im Vergleich mit Gleichaltrigen, sein Aussehen und die in den Rassemerkmalen aufgestellten Anforderungen werden besprochen. Dazu gibt es gesondert die Prüfung als Schutzhund, die für alle Gebrauchshunde-Rassen einheitlich ist.

Wo ist der Nächste?

Bei den letzteren hat der Boxer seinen Spürsinn, also seine Nasenarbeit zu beweisen. Dazu kommt als zweite Übung seine Führigkeit, sein Gehorsam – eine wesentliche Arbeit in der Erziehung – und schließlich muß er seinen eigentlich im Charakter ausgeprägten Schutz- und Kampftrieb sowie seinen Mut als Verteidiger beweisen.

Die Vorbereitung auf eine Prüfung bedarf eines großen Einfühlungsvermögens in das Tier, zumal eben der Boxer ein ausgeprägtes Selbstbewußtsein besitzt, welches auch schon einmal als Eigensinn ausgelegt wird. Diese Eigenwilligkeit wird bedingt durch seine Ausbildung als Bullenbeißer und Jagdhund in früheren Zeiten, wo er ganz auf sich angewiesen, das Großwild gestellt und angegriffen hat, im Gegensatz zum Schäferhund, der als Hütehund das Weiden der Lämmer und Schafe bewachte.

Hunde kann man kaufen . . .

Die Frage, ob ich mir einen Boxer leisten kann, bezieht sich zunächst nicht allein auf die Anschaffungskosten, sondern darauf, ob ich für die Haltung die nötige Zeit und auch Unterbringungsmöglichkeit habe. Wegen seiner Kurzhaarigkeit und der dadurch leichten Pflege und Sauberhaltung sowie durch seine mittlere Größe eignet er sich sehr gut als Etagenhund, auch in der Großstadt. Vor allem ist die Liebe zur Rasse und zum Hund überhaupt erst einmal nötig, denn nichts ist doch schlimmer für dieses Lebewesen, das sich langsam in die neue Umgebung eingewöhnen muß, wenn es nach kurzer Zeit wieder in andere Hände wandert, nachdem man feststellt, daß man sich eigentlich doch keinen Boxer hätte anschaffen sollen.

Dazu kommen die formalen Bedingungen. Der Einheitsmietvertrag, sofern der Boxer für einen Wohnungsmieter angeschafft wird, hat noch immer die Klausel, daß eine schriftliche Genehmigung seitens des Vermieters zur Haltung des Tieres erforderlich ist. Man sollte sich nicht auf das Gewohnheitsrecht berufen, wenn man vorher ein anderes – vor allem kleineres Tier – gehabt hat oder auch nicht darauf, daß der Mieter über oder unter der eigenen Wohnung auch einen Hund hält. Prozesse zu führen ist nicht jedermanns Sache, und selbst wenn nach heutiger Rechtssprechung der Ausgang positiv sein sollte, treten dann die Schwierigkeiten meist in anderer Form auf.

Holt uns denn keiner hier heraus?

. . . aber nicht irgendwo

Wenn ein Einverständnis erzielt wurde und ein Boxer in Zukunft zur Familie gehören soll, entsteht die Frage: Wo bekomme ich ihn?
Nachdem nun alles überlegt ist und man sich entschlossen hat, einen Boxer als Hausgenossen anzuschaffen, kommen wir zum Erwerb. Die Rassezuchtverbände inserieren in den Tageszeitungen und Fernsprech-büchern, sie haben örtliche Veranstaltungen, die öffentlich angekün-digt werden. Man setzt sich mit ihnen in Verbindung und läßt sich An-schriften von Züchtern geben, mit denen man sich vor dem Kaufab-schluß ausgiebig unterhalten sollte.

Mit dem Kauf selbst schließt man mit dem Züchter einen sogenannten Privatvertrag, der alle Rechte und Pflichten beider Seiten einschließt. Wie immer bei Unterschriften, sei auch hier geraten, vorher alles gut zu lesen. Solche Verträge richten sich meistens nach einem Schema, das von dem Verband für das Deutsche Hundewesen ausgearbeitet wurde, aber auch jederzeit die Möglichkeit bietet, zusätzliche Vereinbarungen mit aufzunehmen. Der Züchter, in dessen Zwinger man sich unbedingt die Umgebung und die Haltung der Tiere mit ansehen sollte, wird auch nach dem Erwerb jederzeit mit Rat und Tat zur Seite stehen. Das ist für den Züchter ganz selbstverständlich, da sich sein Interesse an dem von ihm gezogenen Boxer auf das ganze Leben des Tieres erstreckt. Dieser Hund trägt seinen Zwingernamen, den er später gegebenenfalls durch Ausstellungen oder Prüfungen sehr publik machen kann.

Der Züchter sieht in seiner Aufgabe ein Hobby, das natürlich mit Verantwortung nach vielen Seiten verbunden ist. Da ist die Kenntnis der Vererbungsregeln und der Blutlinien der einzelnen Generationen Voraussetzung, und er wird kaum die Möglichkeit haben, einen Rüden zum Belegen seiner Hündinnen zu nehmen, der gerade um die Ecke wohnt. Durch die Kenntnis der Zuchtstämme aufgrund der Stammbücher, durch eigenes Beobachten beim Besuch von Ausstellungen und sonstigen Veranstaltungen gewinnt er einen Eindruck, welcher Rüde am ehesten zu seinem von ihm angestrebten Ausgleich mit seiner Hündin paßt.

Beim verantwortungsbewußten Züchter kann daher kaum vom großen Geldverdienen gesprochen werden. Der Züchter wird mit Glück seine Barauslagen hereinbringen, vor Enttäuschungen und manchem Ärger wird er nie bewahrt bleiben, und die persönliche Arbeit kann schon gar nicht in bare Münze umgesetzt werden.

Die Unterhaltung mit dem Züchter des zum Kauf vorgesehenen Boxers wird dem neuen Erwerber viele Erkenntnisse bringen und seine Freude am Hund bestärken.

Der erste Kauf eines Hundes geschieht vielmals aus dem Impuls heraus, einen Boxer haben zu wollen. Häufig legen die Käufer keinen Wert auf einen Stammbaum, sie wollen gar keine Ausstellungen besuchen und keine Prüfungen ablegen, und sie wollen schon gar nicht in einen Verein. Eigenartigerweise kommen die meisten von ihnen durch irgendwelche Gelegenheiten doch in Berührung mit diesen Dingen, vor allem, wenn sie mit der Erziehung nicht allein fertig werden oder wenn ihnen von anderen Boxer-Besitzern erklärt wird, wie schön ihr Hund sei.

Natürlich werden nun Hunde und auch Boxer im Handel angeboten. Im Versandhandel – mit Umtauschrecht –, auf Farmen und in Geschäften. Doch Tiere sind Lebewesen, selbst wenn sie der Jurist laut Gesetz noch heute als »Sache« ansieht. Ein lebendes Etwas, das sich weiter entwickelt, und man sollte es nicht als ein Stück von der Stange betrachten, welches man bei zu großer oder zu kleiner Größe wieder umtauschen kann. Hier unterscheidet sich der Züchter vom Vermehrer,

Hundstage.

der in dem Tier eine Ware sieht, die nach kaufmännischen Kalkulationen einen festen Preis hat. Jeder Laie hat zumindest von einem Hund soviel gehört, daß er einen »Stammbaum« hat. Auch der im Handel erworbene Boxer hat meist so etwas, was sauber gedruckt und mit Stempeln und Unterschrift versehen ist, aber leider von den Verbänden nicht anerkannt wird, wie sich häufig erst zu spät herausstellt.

Auch in den Tierheimen gibt es Hunde, die zum Verkauf stehen. Sie sind durch die verschiedensten Umstände dahin gelangt, sei es durch Tod des früheren Herrchens, wo niemand den Hund übernehmen konnte, oder auch durch willkürliche Aussetzungen. Mit den spärlichen Mitteln, die diesen Heimen zur Verfügung stehen, die teils unter städtischer Obhut stehen, teils durch die Tierschutzverbände in selbstaufopfernder Weise geleitet werden, versucht man, dem Tier ein erträgliches Dasein im Übergang zu schaffen. Man bemüht sich, diese Tiere wieder gut unterzubringen, wozu auch die Rassehundevereine außer dem Tierschutz mit beitragen. Beim Kauf muß man aber auch dort einen Vertrag unterschreiben, der in erster Linie darauf hinweist, welche Verpflichtungen man mit dem Erwerb des Tieres übernimmt, und daß diese gegebenenfalls auch kontrolliert werden können. Die Kosten für einen Hund dort sind gering, sie übersteigen kaum die Haltung für einen Monat.

Ältere Leute, die in ihrer Freizeit einen Weggenossen haben wollen, werden sich so ein – zumeist natürlich älteres und häufig nicht ganz rassereines – Tier gern zulegen.

Die Einfuhr aus dem Ausland ist ohne weiteres möglich. Es könnte ja sein, daß man während eines Urlaubs oder einer Geschäftsreise die Bekanntschaft einer Familie mit einem Boxer oder gar einem Züchter macht und so Freude daran gewinnt.

Natürlich sollte man sich auch hier wieder ausgiebig beraten lassen. Die Rassehundevereine Europas und der außereuropäischen Welt arbeiten viel zusammen, so daß bei einer Rückkehr in die Heimat der Boxer hier dann eine »umgeschriebene« Ahnentafel erhalten kann.

Wer sich vorher nicht informieren konnte, sollte sich dann aber über die jeweiligen Vorschriften bei der Einreise orientieren. Insbesondere ist auf Tollwut-Schutzimpfungen zu achten. Die jeweils örtlichen Tierärzte, die damit viel zu tun haben, können hier schon helfen, und wenn ein-

mal nicht, genügt ein Anruf beim nächstliegenden Konsulat des Hei-
matlandes.

*Ich bin
der Schönste!*

Junge oder Mädchen?

Es bedarf jetzt der Klärung, ob Hündin oder Rüde gekauft werden soll.
Dabei kommt in den allermeisten Fällen zunächst ganz präzise und ein-   **17**

deutig die Antwort: Nur ein Rüde! Warum? Ja, die Läufigkeit der Hündin alle sechs Monate und die damit verbundenen Schwierigkeiten. Der Boxerrüde ist in seinen Maßen und seinem Aussehen größer und kräftiger. In dem bereits erwähnten Standard, der von den Rasse-Fachleuten aufgestellt wurde, erreicht der Rüde eine Größe von 57 bis 63 cm und die Hündin zwischen 53 und 59 cm. Im Gewicht billigt man »ihm« 30 bis 35 kg und »ihr« 24 bis 27 kg zu.

Ältere Leute und aufwachsende Kinder werden also allein schon von der Größe und Statur her eher und leichter eine Hündin führen können als einen großen und starken Rüden, der in eine absolut sichere Hand gehört. Auf die Frage der Läufigkeit mit ihren eventuellen Komplikationen in der Haltung gibt es zunächst einmal eine sehr landläufige Antwort: Eine Hündin wird im Jahr in der Regel zweimal heiß – hier ist im Laufe der Domestikation auch ein längerer Zeitraum möglich – ein Rüde aber ist das ganze Jahr heiß. Das soll heißen, um es auf einen Nenner zu bringen, ein Rüde wird immer einer Hündin hinterherlaufen, er nimmt mit seiner Nase die Spur auf, die ein Menschenauge gar nicht sehen kann, jedoch wird eine Hündin kaum einem Rüden nachspüren. Dabei sei eines hier in Bezug auf die Nase des Hundes bemerkt, daß im Vergleich mit dem Menschen der Geruchssinn des Hundes vielhundertfach stärker entwickelt ist.

Es soll sogar Leute geben, die eine Hündin in ihrer Gesamterscheinung als geringwertiger hinstellen, gewissermaßen nur als ein Tier, welches lediglich zur Erhaltung seiner Rasse dient. Damit hängt gerade leider die weit verbreitete Meinung zusammen, daß eine Hündin in ihrem Leben mindestens einmal Nachwuchs haben sollte, da das zur Gesundheit beitrüge. Nun, sagen oder fragen wir einmal, wieviel Frauen in ihrem Leben keine Kinder haben, gesund bis ins hohe Alter leben und ob mit oder ohne Emanzipation glücklich und zufrieden sind.

Wir kommen wieder auf die Rasse-Merkmale. Im Charakter und in ihren sonstigen Anlagen werden Hündin und Rüde vollkommen gleichmäßig beurteilt.

Ist das Problem, ob Hündin oder Rüde, gelöst, kommen wir zur Farbe. Das ist eine reine Geschmacks- oder Sympathiefrage. Es gibt gelbe und gestromte Boxer. Hirschrot bis zum hellen Gelb, heller Goldstrom bis zum ganz dunklen Strom, wobei jeweils natürlich die verschiedensten

Nuancen auftreten. Weiße Abzeichen – sie sollen weniger als ein Drittel der Grundfarben sein – geben zum Teil gute Kontraste und Effekte. Ob gelb oder gestromt? Was unterm Pelz steckt, ist immer das gleiche.

Das Kind muß einen Namen haben

Jeder Züchter hat einen Zwingernamen für die von ihm gezogenen Hunde. Er kann ihn national oder auch international »schützen« lassen, so daß er in jedem Fall für die Rasse nur einmal vorkommt. Der Zwingername sollte einen Hinweis geben auf die örtliche Verbundenheit oder aber auch auf persönliche Individualitäten. Als Beispiele seien hier genannt: »Von der Reiterstadt Verden« oder »Vom Isarstrand«. Landschaftsbezeichnungen, die sich auf die Wohngegend des Züchters berufen. Viele benutzen auch ihren eigenen Namen, um die Herkunft des Tieres zu bezeichnen, wie »Vom Haus Müller«. Der Phantasie sind also keine Grenzen gesetzt, jedoch sollte der Name verständlich sein.

Sprecht Ihr von mir?

Zum Rufnamen des Hundes benutzt man das Alphabet. Der Züchter, der also ganz neu anfängt, benennt die Boxer seines ersten Wurfes mit dem Anfangsbuchstaben »A«, den zweiten Wurf mit »B«. Die alphabetische Reihenfolge soll also zeigen, wie oft der betreffende Zwingerbesitzer gezüchtet hat, wobei sich die Reihenfolge nicht etwa auf eine Hündin bezieht. Es ist durchaus möglich und gar nicht selten, daß mehrere Hündinnen in einem Besitz stehen und somit jemand schneller in der Reihenfolge weiterkommt.

Das Zuchtalter einer Boxerhündin beginnt mit dem 18. Lebensmonat – es ist in den verschiedenen Rassen unterschiedlich – und endet etwa mit dem 7. Lebensjahr. Es ist verständlich, daß man einem alt gewordenen Hund nicht mehr mögliche Schwierigkeiten bei der Geburt zumutet. Unter den günstigsten Voraussetzungen hat eine Boxerhündin in ihrem Leben fünfmal geworfen, denn jede Hündin sollte in jedem Fall bis zu einer Neubelegung eine Hitze überspringen.

Es kommen nun unter den Rufnamen, die der Züchter wählt, sehr oft die für den Laien bekannten Hundenamen vor, wenn auch hier der Freizügigkeit Tür und Tor geöffnet sind. Erwirbt der Käufer den Welpen noch vor seiner Eintragung in das Hundestammbuch, die in der Regel mit neun Wochen erfolgt, kann er natürlich in Vereinbarung mit dem Züchter einen anderen als den vorgesehenen Namen wählen, sofern er mit dem gleichen Buchstaben anfängt.

Der neue Besitzer wird bald feststellen, daß die Mehrzahl der Vierbeiner mit den Buchstaben A, B und C anfängt, und auch daraus ist zu erkennen, daß die Züchter ihre Tätigkeit als ein Hobby betrachten, wie ja auch die ganze Tierhaltung als Liebhaberei betrieben werden soll.

Alf und Alpha, Bodo und Biggi, Cäsar, Cato und Cita gehören mit zu den häufigsten Namen. Sie beruhen auch auf der Überlegung, daß das zukünftige Umgehen mit diesen Hörlauten für den Hund von Vorteil ist. Mit der Zeit und der Häufigkeit der Verbreitung unserer Rassen gibt es nun Leute, die gewaltsam etwas Ausgefallenes suchen und dabei auf Namen stoßen, die für den späteren Umgang mit dem Tier schwer werden und von denen abzuraten ist oder wo es dann – eben weil man den Boxer mit diesem Namen nicht »rufen« kann – zu Abwandlungen kommt, die mit seinem eingetragenen Namen nichts mehr zu tun haben. Man stelle sich vor, ich soll meinen Boxer irgendwo herbeizu-

Knabbern gehört zum Handwerk.

bern mit dem Satz: »Alibaba hier«. Bis das ausgesprochen ist, ist er über alle Berge. Rufnamen sollen kurz und präzise sein, nicht mehr als zwei Silben haben. »Axel hier«, »Beda Platz«, »Condor pfui«, sind Hörlaute für den Hund, die sich einfach und schnell sprechen lassen, und die er sich einprägt.

Sicher wird es schwierig, wenn der Züchter zum J, Q und X oder Ypsilon kommen sollte, aber auch hier findet sich bei einiger Überlegung immer etwas, wie Joko, Quick, Xantus und Yorck, es muß nicht gleich Xantippe sein.

Vater Staat hält die Hand auf

Mit dem Kauf und dem Einzug des Boxers in die Familie kommen auch die Verpflichtungen. Vor allem darüber sollte sich der Erwerber klar sein, daß der Hund nur dann ein Freund der ganzen Familie werden

21

wird, wenn alle Familienmitglieder während seines ganzen Lebens die gleiche Liebe und Fürsorge für ihn aufbringen.

Wie in vielen Dingen, ist der erste, der die Hand für alle Ausgaben aufhält, der Finanzgewaltige der Gemeinde, der die Hundesteuer erhebt. Die Schwankungen in der Höhe sind sehr unterschiedlich und beträchtlich, nach dem Prinzip: Große Gemeinden = große Gelder, kleine eben kleinere Steuern. Rechte für den Boxerhalter entstehen aus der Zahlung natürlich überhaupt keine, der Gegenwert für die geleistete Zahlung ist lediglich die Hunde-Steuermarke. Sofern man an der Kette des Hundes nicht die Möglichkeit hat, seine Telefon-Nummer oder Anschrift anzubringen, ist es ratsam, die Steuermarke dem Hund anzuhängen, damit notfalls der Besitzer festgestellt werden kann. Die Hundesteuer in Deutschland war vor ungefähr 100 Jahren eine Luxussteuer. Der Ertrag sollte ursprünglich einmal dem Sanitätswesen (zur Begrenzung der Tollwut) und einmal der Armenpflege zur Verfügung gestellt werden. Man tut heute weder das eine noch das andere, nur die Steuer ist geblieben. Nebenbei gesagt, gibt es die Hundesteuer auch in anderen Staaten. In England etwa seit 1790, auch in Österreich, Frankreich und Rußland wird sie bereits im vergangenen Jahrhundert erwähnt. In neuester Zeit glaubt man die Berechtigung dieser Steuer verteidigen zu müssen, da unsere Vierbeiner in erheblichem Maße zur Umweltverschmutzung beitragen, und übereifrige Extremisten wollen die Menge von Hundekot genau errechnet haben, um damit den Beweis anzutreten, wie ungesund ein Hund für die Menschheit sei oder wie teuer man den Luxus der Hundehaltung – und damit sind wir wieder im vergangenen Jahrhundert – bestrafen muß.

Fanatiker, die es schon zu jeder Zeit gegeben hat, gehen sogar so weit, daß sie versuchen und empfehlen, die Hundehaltung in den Großstädten ganz abzuschaffen. Diese Leute haben anscheinend absolut noch nichts davon gehört, daß ein Begleit-Tier viele Krankheiten physischer und psychischer Art verhindern kann. Außerdem ist heute mancher Mensch in der Großstadt einsamer als auf dem Lande und braucht darum seinen vierbeinigen Wohnungsgenossen erst recht.

Nach der Steuer für den Boxer, die also zwangsweise erfolgt, kommt freiwillig die Versicherung. Der Tierhalter haftet für das ihm anvertraute Lebewesen, und er sollte sich gegen alle Vorkommnisse schützen.

Die Höhe der Versicherungsprämie hängt von der Deckungssumme ab, und es ist empfehlenswert, den Hund der eigenen Haftpflichtversicherung anzuschließen. Man sollte nicht glauben, mit welchen Möglichkeiten man im Laufe des Lebens mit dem Hund konfrontiert wird, in denen man zur Haftung herangezogen werden kann. Dabei soll man nicht nur die eigene Fahrlässigkeit zum Anlaß nehmen, sondern auch konstruierte Fälle, an denen sich mancher schadlos halten will. Es ist also in jedem Falle ratsam, auch für den gerade erworbenen kleinen Hund eine Haftpflichtversicherung abzuschließen.

Das Hundezimmer

In einer Gemeinschaft mit Geschwistern und seiner Mutter aufgewachsen, umsorgt, gehegt und gepflegt, kommt nun der junge Hund in eine neue, vollkommen ungewohnte Umgebung – und dazu noch allein. Er wird zunächst die ihm bisher vertraute Nestwärme suchen, und der

Wenn das mal gut geht!

neue Besitzer muß ihm dabei helfen, indem er ihn seine Einsamkeit vergessen läßt und ihn an die neuen Verhältnisse heranführt. Empfehlenswert ist es dabei, das Tier am frühen Vormittag zu holen, damit er schon tagsüber mit seinem jetzigen Verbleib und seinem neuen Herrn gut Freund wird. Der Welpe, der am späten Nachmittag ins Haus kommt, wird die erste Nacht über viel unruhiger sein als der, der schon mehrere Stunden tagsüber neue Betreuer hat, die ihm zu fressen gegeben haben und sich um ihn kümmerten.

Um nicht alle Gewohnheiten gleich zu verändern, hat der gewissenhafte Züchter einen Futterplan aufgestellt, der dem Kleinen hilft, sich in die neue Umwelt einzuleben.

Das neue Lager, das so gar nicht mehr den vertrauten Geruch hat, wird ihm dabei im Laufe des Tages näher gebracht. Es sollte so sein, daß er sich – gerade weil der Boxer ein Familien- und Wohnungshund ist – nicht allein fühlt.

Bodenwärme für sein neues Zuhause ist das A und O. Es genügt also für unseren kurzhaarigen Boxer nicht – wie viele meinen – ein oder zwei Decken auf den Teppich zu legen mit der Begründung, wir haben ja eine gleichmäßige Raumtemperatur durch eine Heizung.

Eine Kinderbettmatratze ist immer noch das Beste, dazu mit einer Decke überzogen, die immer wieder schnell gereinigt werden kann. Der häufig angepriesene Hundekorb wird für unseren schnell wachsenden Boxer bald zu klein oder zu eng. Grundprinzip sollte jedoch sein, daß er einen festen Platz in der neuen Umgebung hat. Dieser sollte frei von Zugluft und nicht unmittelbar neben dem Heizkörper sein. Sein Lager ist seine »Stube«, in die er sich immer ungestört zurückziehen kann und dabei doch auch immer in der Nähe seiner neuen Betreuer ist.

Wo, bitte, ist »für kleine Boxer«?

Schon von Anfang an bringt der Welpe viel Freude durch sein quicklebendiges Wesen; er bringt natürlich auch Arbeit und Sorge um sein weiteres Wohlergehen mit. Sorge deshalb, weil man manchmal vor Problemen steht, wenn er irgendwelche Dummheiten anstellt, und Freude, wenn er voller Unbekümmertheit an alle Dinge herangeht.

Er ist wie ein neugeborenes Kind im Haus, nur daß er schneller groß wird. Viel zu schnell.

Zur Stubenreinheit gehört, daß er häufig – und nicht nur nach seinen Mahlzeiten – hinausgeführt wird, und zwar gleich dorthin, wo er später auch allein hingehen kann und soll. Das ist jedenfalls niemals vor der Haustür oder im Vorgarten. Es gibt auch in nächster Nähe einer Großstadtwohnung noch immer Gelegenheit, dieses Geschäft zu verrichten, ohne hier gleich den ersten Anstoß zum Ärger mit den Nachbarn zu geben. Und hier beginnt ein Teil der Arbeit und der Verpflichtungen, von denen noch mehrmals die Rede sein wird. Nun kann man natürlich nicht sagen, daß die Sauberkeit in einem bestimmten Zeitraum zu schaffen ist. Es ist ein Unding, einen Welpen mehrere Stunden hintereinander allein zu lassen, er wird dann immer ins Zimmer machen, und es wird viel schwerer, ihm mit dem Größerwerden das abzugewöhnen. Auch der letzte Weg vor dem Schlafengehen und der erste morgens nach dem Aufstehen gilt dem Hund. Desto schneller wird man zum Ziel kommen.

Erste Begegnung mit dem Onkel Doktor

Die Sorge gilt natürlich vielleicht auftretenden Krankheiten. Der Züchter hat seine Welpen aus Sorgfalt beizeiten impfen lassen, und der Käufer bekommt mit dem Hund auch den Impfpaß ausgehändigt. Bei der Vielzahl möglicher Impfungen genügt es nicht, nur zu sagen, daß der Welpe geimpft ist, sondern der vielleicht aufzusuchende Arzt würde immer sofort fragen, womit der Hund geimpft ist. Vor dem Verkauf hat der Welpe auch eine Wurmkur bereits hinter sich, und es ist ratsam, diese einige Wochen später wiederholen zu lassen. Auch hierzu sollte man den Tierarzt zu Rate ziehen, denn nur er weiß – wahrscheinlich nach einer Kotuntersuchung – welches Mittel er verschreiben muß.

Die Sorge um das Wohlbefinden des anvertrauten Lebewesens hat Vorrang vor der heute oft üblichen »Do it yourself«-Bewegung. Das wird das ganze Boxerleben anhalten, und man hüte sich vor allzugut gemeinten Ratschlägen von Freunden und Bekannten. Diese haben vielleicht

Was steht denn heute auf der Speisekarte?

auch einen Hund zu Hause, aber was für den einen gut ist, braucht es für den anderen noch lange nicht zu sein.

Der Züchter weiß selbstverständlich mitzuhelfen, weil seine Kenntnisse auf Erfahrungen beruhen, aber auch er wird in vielen Fällen dazu raten, den Tierarzt aufzusuchen. So, wie man seinem eigenen Arzt Vertrauen entgegenbringt, sollte man im Tierarzt den Helfer für den Hund sehen und sich in allen Fragen der Gesundheit des Hundes vertrauensvoll an ihn wenden.

Der Arzt hat auch das Kupieren des Schwanzes und der Ohren vorgenommen, da die Rassekennzeichen des Boxers dieses vorschreiben. Es erfolgt später keine Eintragung in das Hundestammbuch, wenn nicht eine Bescheinigung eines Tierarztes über schmerzloses Kupieren vorliegt. Die Schwänze werden bereits am 3. Tag geschnitten und die Ohren meistens in der 5. bis 7. Woche. Alles ist normalerweise gut verheilt, wenn der Hund den Besitzer wechselt, so daß er hierfür keinen Arzt mehr benötigt.

Es gibt Länder, in denen das Kupieren der Ohren freigestellt oder auch verboten ist. Das deutsche Tierschutzgesetz in seiner letzten Fassung gestattet das Kupieren unter den angegebenen Voraussetzungen beim

Boxer. Wenn man alte Stiche betrachtet und dabei den Bullenbeißer, also den Vorgänger des Boxers, sieht, wird man feststellen, daß auch dieser damals bereits kupiert war. Der kupierte Hund hat in seinem späteren Leben viele Vorteile, er kann sich niemals an seiner Rute durch heftiges Schlagen verletzen, seine Ohren sind vor manchen Krankheiten geschützt.

Das Kind im Hund

Unser Boxer braucht aber auch irgendwelche Sachen zum Spielen, vor allem, um ihn von Dingen abzuhalten, mit denen er nun absolut nicht spielen soll. Mangel an Betätigung versucht er sonst dadurch auszugleichen, daß er Mutters sorgsam gehütete Blumentöpfe untersucht, die Tischdecke herunterzieht oder eben alles verunsichert, was in seiner Reichweite herumsteht. Es gibt in jedem Haushalt alte Sachen, mit denen man mit dem jungen Hund spielen kann oder ihn damit zum Spiel auffordert, jedoch ist vor Kunststoffen, wie Nylon, zu warnen. Der Hund spielt nie gern allein, man muß sich schon die Zeit nehmen und sich mit ihm beschäftigen.

Schon in frühester Jugend setzt damit der Kontakt ein, der so lebensnotwendig ist und der uns später so viel weiter hilft. Kontakt ist nichts weiter als Vertrauen fassen und hat nichts mit Unterwürfigkeit zu tun.

Aber über allem steht die Freude am Temperament des jungen Boxers und an all der Mimik, die in ihrer Ausdrucksfähigkeit von treuherzig bis durchtrieben reicht. Vielleicht ist deshalb der Boxer so ein beliebtes Fotografier-Objekt, da seine Vielfalt des Ausdrucks unübertrefflich ist. Nicht grimmig, sondern verschmitzt, allerweltsklug in allen Situationen. Wer zu beobachten weiß, hat seinen Spaß daran.

Tischsitten

Mit seinem Lager hat er Einzug gehalten in die neue Behausung, und wie der Mensch hat er erst einmal Hunger und Durst. Bisher hatte er seine Mutter, sein Züchter betreute ihn.

9 Wochen ist er ungefähr alt, er kann große Mengen nicht auf einmal verdauen und bekommt etwa viermal am Tag sein Fressen. Wie mit seinem Lager, so soll man sich von vornherein auf einen bestimmten Ort in der Wohnung festlegen, wo er nun für immer sein Futter findet. Die Schüssel steht nicht auf dem Fußboden, sondern so hoch, daß er diese in gerader Haltung bequem erreichen kann. Dazu genügt zunächst etwa eine Fußbank, später ein Kinderstuhl. Die Industrie fertigt heute verstellbare Futternäpfe an, mit denen man sich ebenfalls helfen kann. Hierher gehört ein Tuch für den Hund, griffbereit, damit er nach dem Fressen sauber abgeputzt wird, denn sonst könnte es sein, daß man seine Futterreste an der nächsten Tapete findet. Es ist eine alte Weisheit, erst den Hund zu versorgen, um dann selbst zu Tisch zu gehen. Das Betteln wird ihm somit von Anfang an leicht abgewöhnt. Nichts ist doch unangenehmer, als wenn er neben dem Tisch sitzt und Herrchen jeden Bissen in den Mund guckt. Unabhängig davon ist es ja kein Hundefutter, was von Herrchens Tisch fällt, sondern für den Menschen zubereitetes Essen, das durch Gewürze verschiedenster Art, insbesondere zuviel Kochsalz, für den Hund keine Nahrung ist. Dazu gehören in der Fernsehzeit die Salznüsse, Kartoffelchips mit Paprika und auch Süßigkeiten. Unarten sind sehr schnell angewöhnt, aber später ist es mit großen Schwierigkeiten verbunden, sie dem Hund wieder auszutreiben. Deswegen sollte man dem jungen Hund nie etwas erlauben, was er später als ausgewachsener nicht mehr darf.

Einen nicht bei Tisch bettelnden Hund kann man daher jederzeit in eine Gaststätte und zum Besuch von Freunden mitnehmen. Er wird brav unterm Tisch liegen und seinen Besitzer sowie die anderen Gäste nicht beim Essen stören.

Wir haben eben, und damit muß man sich abfinden, eine große Zahl von Hundegegnern. Und einem Hundegegner kann ich nur mit einem gut erzogenen Hund imponieren.

Besonders außerhalb der Wohnung ist die Gefahr, daß das Tier von fremden Personen zu fressen bekommt, sehr groß. Diese Fütterung, auch von guten Freunden und Bekannten, soll von Anfang an unterbunden werden. Einmal erst angewöhnt, wird es später schwer, diese Unsitte zu verhindern.

Mit einer guten Erklärung hierfür wird es auch möglich sein, anderen Leuten verständlich zu machen, daß das Füttern aus fremder Hand der Erziehung wegen nicht angebracht ist.

Seine Mahlzeiten bekommt der Hund regelmäßig, er wird in seinem ganzen Leben auf Gewohnheit eingestellt. Bei guter Beobachtung – und durch Beobachtung kann man selbst viel vom Tier lernen – wird man feststellen, wie er von allein an seinen Futterplatz kommt und Ausschau hält. Im Futterfahrplan des Züchters werden neben der Menge auch die Zeiten stehen. Natürlich ist es verständlich, wenn man im Laufe der Zeit diese etwas umstellt nach den eigenen Lebensgewohnheiten, denn es wäre schlecht, wenn wir uns zum Abhängigen des Tieres machten.

Reste in der Futterschüssel nach dem Fressen werden weggenommen, sein Wassernapf sollte immer frisch gefüllt und nicht nur nachgefüllt werden.

Und keine Schokolade für mich?

Erziehung? Ja, aber autoritär!

Mit dem Einzug unseres neuen Freundes in eine für ihn noch unbekannte Welt haben wir begonnen. Er soll sich wohlfühlen, er muß merken, daß man sich um ihn kümmert, denn so gewinnt er Vertrauen zu seinem neuen Herrn.

Der Boxer ist ein ruhiger Hund, er ist auf alle Fälle kein Kläffer, wie man es leider manchem anderen Hund nachsagt. Freudig und harmlos in der Familie – sein Temperament und seine Drolligkeit zwingen dazu, sich gern mit ihm zu beschäftigen. Freund der Kinder wird er Zeit seines Lebens sein, jedoch nicht ihr Spielzeug.

Mißtrauen gegenüber einem Fremden.

Aller Anfang ist schwer

Bei den ersten Ausgängen sollte der Welpe stets die Treppen hinuntergetragen werden, seine Knochen und Gelenke sind noch sehr weich und könnten sich verformen.

Es ist selbstverständlich, ihn beim Ausführen zunächst stets an der Leine zu führen, die aber nicht zu kurz sein sollte, um ihn in seinem Bewegungsdrang nicht zu sehr einzuengen.

Nicht alle Welpen kennen dieses »Geschirr« nun schon, denn im Zwinger beim Züchter, gut aufgehoben im Garten, brauchten sie es noch nicht. Also jetzt Leine und Halsband. Der »modische« Welpe und Junghund trägt ein schmales Lederhalsband, das entsprechend seinem raschen Wachstum gut zu verstellen geht. Später erhält er eine Metallkette, die sehr stabil sein sollte, ein sogenanntes Zughalsband. Auch die Leine, die am Anfang nur eine geringe Stärke aufzuweisen braucht, muß dann in eine handfeste umgetauscht werden, kein Spaltleder. Wichtig ist, daß sie einen gut schließenden Karabinerhaken besitzt, denn sonst passiert es, daß Herrchen fassungslos auf die Leine in der Hand starrt, während sein kleiner Rabauke lustig über alle Berge ist.

Irgendwo kommt dann aber die Gelegenheit, wo man ihn einmal frei laufen lassen kann, dort, wo man das Gelände genau übersieht. Auch wieder aus Gründen der Gewohnheit heraus soll man diesen vorher sorgsam ausgesuchten Platz zunächst immer wieder aufsuchen, denn dann weiß unser Freund, hier ist mein Spielplatz. Hier kann er sich austollen.

Es wird die ersten Male nicht immer leicht sein, ihn heranzulocken und wieder anzuleinen, denn dem jungen Boxer macht es einen ungeheuren Spaß heranzukommen – weil er meint, wir wollten mit ihm spielen –, aber mit einem fröhlichen Satz weicht er der zugreifenden Hand aus. Dieses Spielchen kann sich hinziehen. Es hat keinen Sinn, ihm nachzulaufen, denn das bringt ihn nur darauf, weiter zu springen. Das Locken im Weitergehen mit einem Hundekuchen bringt uns dem Ziel näher. Niemals darf er gestraft werden, wenn er schließlich doch, nachdem er sich ausgetobt hat, herankommt. Nein, nur loben und streicheln, auch wenn man innerlich flucht. Der Hund ist nun mal ein Gewohnheitstier und verbindet die Belohnung oder Bestrafung mit dem Zurück-

Warten auf Herrchen und Frauchen!

kommen und nicht etwa mit dem für ihn schon lange zurückliegenden Weglaufen.

Er nimmt also angenehme und unangenehme Erlebnisse in sich auf, und wer würde schon das Unangenehme dem Angenehmen vorziehen. Man merkt also, man kann unserem Hund keine menschlichen Fähigkeiten beibringen, und es ist immer wieder notwendig, sich dieser Tatsache bewußt zu werden. Je eher der Besitzer die Verständigungsmöglichkeit mit dem Hund sucht, und das gilt bereits für das Welpenalter, desto leichter wird mit dem Größerwerden vieles sein. Viele glauben, laßt ihn sich doch erst einmal austoben, alles andere später. Wie schnell ist er jedoch größer geworden, macht alle möglichen und unmöglichen Sachen, man amüsiert sich noch darüber und fordert ihn so indirekt auf, noch mehr über die Stränge zu schlagen. Und dann kommt eines Tages die Stunde, wo man im Familienrat beschließt: Jetzt muß alles anders werden!

Wenn er nun wie ein Mensch denken und unsere Sprache verstehen könnte, so wäre das ja ganz einfach. Wie schlecht sieht es doch aus, unser Boxer ist größer geworden und kann noch immer nicht richtig an der Leine gehen. Es geht also der Hund mit dem Herrn spazieren anstatt umgekehrt. War es doch für ihn so angenehm, ungestört und frei ohne jede Einschränkung hin- und herzulaufen, und dann soll er auf einmal diese Freiheit aufgeben. Dagegen wird er sich nach Kräften sträuben, und für uns wird es viel schwerer sein, als gleich am Anfang damit zu beginnen.

Früh übt sich, . . .

Schon im Spiel fängt die Erziehung an. Wie einfach ist es doch, ihn spielend dahin zu locken, wo wir ihn hinhaben wollen. Zwang ist immer lästig – wie beim Menschen, so beim Tier. Und wer von uns würde dann nicht versuchen, den bequemsten Weg zu gehen. Erziehung beginnt so frühzeitig wie möglich, die Ausbildung für bestimmte Tätigkeiten folgt erst später. Alle schlechten Gewohnheiten werden aber von jedem mit Recht immer wieder auf die Erziehung geschoben. Und schlechte Erziehung fällt danach auf den Erzieher und in unserem Falle nicht auf den Hund zurück. Das Kind, welches in der Straßenbahn nicht vor einem alten Menschen aufsteht, ist nie daran schuld, sondern stets sein Erzieher.

Wir fordern mit der Erziehung auch eine Leistung – gerade beim Hund. Und wenn wir eine Leistung erzielen wollen, so sollen wir diese nicht mit Strafen zu erreichen suchen. Grundsatz ist die Konsequenz. Die Einheitlichkeit in der Familie ist die Voraussetzung für eine erfolgreiche Erziehung.

Der Hund erkennt die Lücke zwischen Herrchen und Frauchen sehr schnell. Was der eine verbietet, darf der andere nicht erlauben. Es ist leicht, ihn auf die Couch oder in den Sessel zu bringen, aber schwer, ihm das abzugewöhnen, falls Besuch kommt. Unsere wesentlichste Aufgabe als neuer Meuteführer des jungen Hundes ist, sein Zutrauen und Vertrauen zu erreichen, denn dieses zahlt sich später immer wieder aus. Er soll Kontakt aufnehmen mit der Hand, die ihn ein ganzes Leben führt, und er wird sehr bald merken, daß wir ihm mit unserer Hand, wenn wir sie ausstrecken, nur Gutes geben.

Der Vierbeiner läuft stets links. Die linke Hand ist auch die, die wir als Mensch sowieso meist frei haben und die somit ohne Schwierigkeit die Führung des Hundes übernehmen kann. Es liegt nun in der Geschicklichkeit des Führenden, auch dem Hund beizubringen, daß für ihn das Linkslaufen das Angenehmere ist, indem wir ihn, wenn er nach vorn prescht oder bei irgendwelchem Schnuppern von hinten herangezogen werden muß, mit einem kurzen Ruck an der Leine wieder auf die Höhe unseres linken Knies bringen. Immer mit dem Kommando »Fuß« und dabei loben. Sein Ziehen oder Vor-den-Füßen-Herumstolpern ist nur sein Freiheitsdrang und kein schlechter Wille.

Auch hier ist natürlich Konsequenz von der ganzen Familie erforderlich, denn wie schnell würde er merken, daß der Spaziergang mit dem einen für ihn mehr Freiheit bedeutet als mit dem anderen. So schnell wie sich der Hund in die Zwangslage des linken Bei-Fuß-Gehens gewöhnt, soviel widerwilliger würde er es dann tun, wenn nicht alle an einem Strick ziehen.

Alle Kniffe sind letzten Endes nur Einwirkungen auf die Sinnesorgane oder auch auf den Trieb des Junghundes. Er soll also den Einfluß mit seinen Sinnen aufnehmen, und er wird sehr schnell begreifen, was angenehm und was unangenehm für ihn ist. Das gilt nicht nur für schmerzhafte Erlebnisse, die vom Menschen herkommen, sondern auch für äußere Einflüsse, wie z.B. das leidige Knallen zu Fasching und Silvester in seiner unmittelbaren Nähe. Man kann ihm ja nicht sagen: Achtung, es knallt gleich. In dieser Situation – das gilt auch bei sommerlichen Gewittern – sollte man beruhigend auf ihn einwirken und ihn streicheln. Es liegt also an unserem Verhalten, daß er sich noch mehr an uns als seinen Vertrauten gewöhnt.

Das Hören eines Knalles verbindet er gegebenenfalls mit dem Schmerzhaften, dem Unangenehmen. Das Erlebte bleibt haften, sofern wir uns nicht bemühen, und daher sollten wir ihn in unserer Begleitung an alle Situationen heranführen, um ihn mit immer neuen Eindrücken bekannt zu machen. Das gibt ihm Sicherheit und Selbstvertrauen.

Sicher ist jedenfalls, daß alles, was wir von unserem Vierbeiner verlangen, einen gewissen Zwang für ihn bedeutet, der nur mit viel Liebe durchzusetzen ist. Auf das Wie kommt es schließlich an. Mit brutaler Gewalt ist keinesfalls etwas zu erreichen, genauso wie man ein Kind nicht durch Schläge zwingen kann, Vokabeln oder mathematische Gleichungen zu begreifen.

Es siegt also nur das überlegene Verständnis des Menschen, um ein bestimmtes Ziel beim Tier zu erreichen. Möglichkeiten dazu gibt es genügend. Das Ziel muß immer im Auge bleiben und mit der größten Liebe zum Tier aber auch durchgesetzt werden, nur dann ist der Erfolg sicher. Wir wissen viel mehr darüber Bescheid, welche körperlichen Leistungen wir vom Hund verlangen können, aber wir müssen uns auch mit seinem geistigen Aufnahmevermögen befassen, weil wir dann die Grenze des Zumutbaren erkennen. Die Frage: Warum macht der Hund etwas nicht, was wir gerade wollen, müssen wir uns selbst beantworten. Es ist so leicht, in den bekannten Slogan zu verfallen: Der dumme Hund. Es wäre besser, wenn wir uns selbst so bezeichnen würden, denn wir sind es doch, die damit beweisen, daß wir nicht in der Lage sind, unser Wissen und Wollen weiterzugeben.

So, wie wir ihm das »An-der-Leine-Gehen« beigebracht haben, kommt das »Sitz«-Machen. Am leichtesten ist es, ihm dieses im Spazierengehen beizubringen, wenn wir selbst stehen bleiben müssen. Wir treffen Bekannte, wir stehen vor einer roten Fußgängerampel. Das Sich-Setzen wird einfacher sein als manches andere – wichtig dabei ist, daß er nicht Platz macht, denn das ist ein anderes Kommando.

Das Kommando »Sitz« gehört daher dazu. Immer wieder ist jede Veränderung mit dem dazugehörigen Wort verbunden. Er wird »Sitz« sehr schnell begreifen, allein das Ausruhen, wenn wir stehenbleiben, bringt ihn dazu. Das Sitzen ist eine vorübergehende Haltung, das Platz-Machen eine länger anhaltende. Er wird also zunächst immer in Wartestellung sein durch das Sich-Setzen, auf daß es weitergeht. Das Wort »Sitz« verknüpft man mit dem Herunterdrücken seiner Hinterhälfte, das Wort «Platz« indem man den Kopf durch einen Zug der Leine herunterzieht. Dazu gehört auch, daß er das Liegen als einen längeren Zustand betrachten soll als das bloße Sitzen.

Es wird bei Begegnungen nicht von jedem mit Wohlwollen aufgenommen, und es ist doch wohl auch für uns sehr unangenehm, wenn der junge Hund an jedem Bekannten hochspringt. Gerade an der Leine auf der Straße kann es ihm am ehesten abgewöhnt werden, wenn man ihn grundsätzlich bei jedem Halt zum Sitzen zwingt. Es kommt die Gelegenheit, wo man zu Hause Besuch empfängt, der Hund frei herumläuft, und er dann, wenn er es nicht anders kennt, auch jeden Besucher freudig durch Anspringen empfängt. Mit Wegsperren allein bringt man diese Unsitte nicht heraus. Er kann und er sollte bei jedem Gast zwar zunächst nicht dabei sein und erst hinzugeholt werden, wenn der Besucher sich gesetzt hat. So tritt eine gewisse Ruhe ein, denn selbstverständlich wird der Hund jeden Fremden auf Schritt und Tritt begleiten. Den Gast zu beschnuppern kann man ihm nicht verwehren, denn er nimmt ja Gerüche auf, die ihm neu sind. Aber hier tritt das gleiche ein wie mit dem Füttern, man bittet den Neuling, zumindest wenn der Boxer noch jung ist, nicht mit ihm zu spielen, sondern ihn nach Möglichkeit zu ignorieren.

Hat man jedoch eine kleine Gesellschaft im Haus, die sich naturgemäß dauernd durcheinander bewegt, ist es doch ratsam, einen jungen Hund wegzusperren, denn diese Lebhaftigkeit überträgt sich naturgemäß auf ihn, und es könnte sein, daß er dauernd irgend jemand durch die Beine läuft, und außerdem ist er unserer Aufsicht entzogen.

Wer spielt mit mir?

Zweibeinige Spielgefährten

Im Umgang mit Kindern beweist unser Boxer seine ausgeprägte Freundlichkeit als Familienhund. Man kann ihm natürlich nicht sagen, was er mit Kindern alles darf und was nicht, sondern auch hier führt der Kontakt, das Heranführen zum Erfolg.

Bekanntlich gibt es, wie überall im Leben, zwei Möglichkeiten. Der Hund kommt als Welpe in die Familie, in der schon Kinder vor ihm da sind, jüngere oder auch ältere. Es ist verständlich, daß man versuchen muß, den Jüngsten klar zu machen, daß der neue Familienzuwachs kein Spielzeug ist, sondern ein Lebewesen, mit dem man sehr vorsichtig und behutsam umzugehen hat. Ältere und verständigere Kinder werden ihm gegenüber ohnehin eine gewisse Fürsorgepflicht erfüllen.

Das Spielzeug der Kinder, wie es dies heute vielfach in Form von Plastiksachen gibt, darf nicht der Zeitvertreib unseres Boxers sein. Das, was Kinder mit den Händen auf ihren Inhalt untersuchen, nimmt er in sein Maul und wird versuchen, es zu zerbeißen. Wie gefährlich dann ein Hinunterschlucken sein wird, kann man sich selbst ausmalen. Man sollte also den Welpen nie zu lange unbeobachtet lassen.

Größere Kinder – leider manchmal auch Erwachsene – stellen in der Ausdauer des Spielens oder Beschäftigens mit dem heranwachsenden Hund sehr oft zu große Anforderungen in bezug auf die Dauer. Er wird von selbst aufhören und sich auf sein Lager zurückziehen, und er kommt von selbst wieder angesprungen, um erneut dabeizusein. Es wäre also nicht richtig, ihn aus seiner freiwilligen Ruhe zu locken, denn er verliert – genau wie ein Kind – die Lust, wenn es ihm zuviel wird.

Auch durch das Spiel und den Umgang mit den Kindern gewinnt er in diese Vertrauen, das sich beim Älterwerden in ein Beschützertum wandelt. Er wird sehr bald den Unterschied machen zwischen »seinen« Kindern und den Schulkameraden und Freunden.

Größere Kinder sollen ihn auch ruhig an der Leine führen, solange er noch jung ist – und ihn zu seinen Geschäften außerhalb des Hauses begleiten. Wenn er einmal begriffen hat, daß er bei einem Bedürfnis hinaus muß, wird er also auch zu diesen kommen und nicht nur zu den Erwachsenen. Jeder lernt dabei, daß wir mit dem Kauf eines Hundes auch Pflichten auf uns genommen haben.

Eine weitere Möglichkeit ist die, daß erst der Hund in der Wohnung ist und sich nun in der Familie Nachwuchs einstellt. Man kann ihm zwar nicht erklären, was da vor sich gegangen ist, aber man sollte ihn jedenfalls jetzt nicht wie ein fünftes Rad beiseite schieben.

Es wird auch immer wieder die Ansicht geäußert, bei erwartetem Familiennachwuchs müßten Tiere aus dem Haus, da sie gesundheitliche Gefahren mit sich brächten. Dieser Gefahr läßt sich durch hygienische Haltung, Impfungen, Wurmkuren und tierärztliche Behandlung vorbeugen.

In bezug auf Sauberkeit gibt es keinen Grund, unserem Boxer als kurzhaarigem Hund, der sehr leicht zu pflegen ist, seine gewohnte Bewegungsfreiheit zu nehmen oder ihn gar abzugeben. Auf jeden Fall muß vermieden werden, seine Eifersucht durch plötzliches Nichtbeachten zu wecken. Kinder sollten verständig genug sein einzusehen, daß ein Neugeborenes jetzt die ganze Aufmerksamkeit verlangt. Das kann man dem Hund aber nur verständlich machen, indem er trotz aller Mehrarbeit gleichmäßig weiter betreut wird.

Trotz aller Vertrautheit sollte man den Jüngsten aber nicht mit dem Boxer allein lassen, da man nie weiß, was in dem Tier vor sich geht. Er mag die allerbeste Absicht haben, dem bereits von ihm anerkannten Familienmitglied zu helfen, wenn es vielleicht schreit. Durch sein tolpatschiges Wesen kann er dabei natürlich Schaden anrichten, und das kann gefährlich werden, da er ja mit dem Maul und seinen Zähnen arbeitet.

Seine Beschützeraufgabe bei entsprechendem Familienumgang hat er mit zunehmendem Alter bald begriffen, vor allem werden seine Kraft und Stärke ihm bewußt.

Ein Hund aber mit gutem Kontakt wird wohl nie seinen eigenen Herrn anfallen. Auch hier gehören manche Zeitungsüberschriften angeprangert, die davon glauben berichten zu müssen, ohne den jeweiligen Zusammenhang zu kennen.

Den größeren Hund mit einem Kind allein ausgehen zu lassen, ob in mehr oder weniger belebte Gegenden, muß überlegt sein. Es steht hier immer das Gesetz im Hintergrund, nach welchem Eltern oder Erziehungsberechtigte die Aufsichtspflicht haben und für Schäden verantwortlich gemacht werden können.

Es können hierbei nur zu leicht Situationen entstehen, denen ein Kind nicht mehr gewachsen ist, zumal der Boxer eine Kraft entwickelt, bei der mancher Erwachsene seine Mühe hat standzuhalten. Aus irgendeinem Grund kann mit einem anderen großen Hund eine Beißerei entstehen, er kann in ein Fahrrad hineinlaufen und vielen anderen Gefahren ausgesetzt sein, bei denen man ihn nicht der Führung eines Kindes anvertrauen sollte.

Je früher aber das Tier zu Hause den Kontakt mit den Kindern findet, desto besser. Mögliche Scheuheit muß im jüngsten Alter aufgedeckt werden, und gerade Kinder gewöhnen den Vierbeiner an alle möglichen Überraschungen in ihrem Spiel, was ihm später zum Vorteil gereicht. Letzten Endes ist unser Hund in der Familie ein Einzelkind, dem es sonst so oft an Spielgefährten fehlt.

Der Halbstarke

Man kann diese Entwicklung in Stufen einteilen, etwa in das Alter zwischen vier und sechs oder sieben Monaten. Der Hund ist stubenrein, er hat so seine Kindermanieren, geht gern mit seinem Herrchen oder Frauchen und weiß sich so einigermaßen in Begleitung zu benehmen. Er soll sogar nach Möglichkeit schon überall mitgenommen werden, vorausgesetzt, man feiert nicht gerade bei Freunden eine überlange Party, auf der es ihm nicht nur langweilig würde, sondern wo die neue Umgebung ihn auf die Dauer sehr unruhig macht.

Auf der Straße interessiert ihn alles, was neu ist, vor allem Dinge, die sich bewegen. Hier, an der Leine, ist die beste Gelegenheit, ihm gleich am Anfang das Nachlaufen nach Fahr- und Motorrädern abzugewöhnen, um Unfällen vorzubeugen, wenn er später einmal frei läuft. Es dauert aber seine Zeit, bis man einmal sagen kann, er steht in meiner Gewalt und kommt auf Ruf. Wie viele Tierhalter fühlen sich so stark und meinen, sie könnten überall den Hund frei umherlaufen lassen. Sie merken selbst gar nicht, wie oft sie ihn rufen müssen mit ihrem »Fuß« oder »Hier« und wieviel auffallender sie sich damit benehmen, als wenn sie im Verkehr mit dem gut gehorchenden, angeleinten Hund gingen, was zudem bei seiner stattlichen Erscheinung viel attraktiver aussieht.

Jetzt reicht mir's!

Nachdem man dem Junghund in der Wohnung versucht hat abzugewöhnen, alles anzuknabbern oder zu zerfetzen, kommt er auch auf
der Straße und in der freien Natur mit Gegenständen in Berührung, die
er nicht kennt, und immer wird er nach Möglichkeiten suchen, diese
aufzunehmen. Auch hier hilft gleich von vornherein ein starker Ruck
an der Leine und der Ruf »Pfui«. Die Gangart muß man natürlich auch
nach ihm richten, und wir müssen wissen, wann es genug ist mit dem
Laufen, denn unser Freund ist noch kein Kilometerfresser. Wie oft
macht er »Sitz« und betrachtet erstaunt irgendeine Neuigkeit. Immer
wieder gibt es die Möglichkeit, ihm über den Kopf zu streichen und
ihm damit das Gefühl seiner Sicherheit zu geben.

Im Spiel im freien Gelände nimmt er natürlich Stöckchen auf, bringt
sie stummelschwänzelnd an, um diese dann besitzerheischend zu verteidigen. Er will mit seinem Herrchen spielen. Gewöhnen wir dem
Hund beizeiten an, daß er Gegenstände herbeibringt und seinem Herrchen auch zeigt, aber ebenso einmal auf Kommando »Aus« diese abgibt. Das Lernen im Spiel ist das billigste, einfachste und beste. Lassen

wir ihn im Spiel »Sitz« machen, den Stock oder den Ball abgeben an seinen Meuteführer, und wir haben damit gleichzeitig eine Gehorsamsübung absolviert.

Es gibt da eine ganze Reihe weiterer Möglichkeiten. Des Morgens nach seinem ersten Entleerungsgang lassen wir ihn die Zeitung tragen, achten aber darauf, daß er sie nicht irgendwo fallen läßt, sondern wir nehmen sie ihm wieder ab. Der Hausschuh, den er in der Wohnung kennt, ist kein Spielzeug zum Zerknautschen, sondern darf nur dem Herrchen, vielleicht sogar unaufgefordert, gebracht werden. Das anfängliche Lachen über seinen Spieltrieb oder Bringtrieb schlägt leicht in Ärgernis um, wenn er nichts mehr hergeben will. Unser Hund wird sehr bald merken, daß wir den gebrachten Ball oder Stock zwar wieder wegwerfen, damit er ihn wieder und wieder bringen kann, die Zeitung aber nicht.

Sein Spieltrieb wird im Prinzip zeit seines Lebens anhalten, auch wenn er noch so ausgebildet wird, um das schreckliche Wort Dressur oder

Bin ich nicht fleißig?

Abrichtung zu vermeiden. Das beruht mit darauf, daß unser Haushund seit Urzeiten der menschliche Begleiter ist, der auf Grund seiner Nützlichkeit in vielen Dingen in der menschlichen Gemeinschaft lebt. Er ist nicht mehr so sich selbst überlassen wie sonst ein Tier in der freien Natur, das seinen Lebenszweck in der Nahrungssuche und der Selbsterhaltung sucht. Diese Sorge ist ihm genommen. Mit der Domestizierung geht aber auch die Gefahr einher, daß wir sein angeborenes Wesen und seine natürlichen Triebe zu sehr unterdrücken, indem wir glauben, das Tier in allem dem Menschen gleichstellen zu müssen.

Unser Boxer ist nach wie vor ein Schutz- und Gebrauchshund, und wir dürfen diese ureigensten Charaktereigenschaften nicht einschränken. Letzten Endes soll unser Hund ja auch gegebenenfalls einmal seinen Zweck erfüllen, indem er seinen Begleiter verteidigt. In der heute so unruhigen Zeit kann das überall der Fall sein, sei es in der Stadt oder auf dem Land. Wie viele wollen ja gerade deswegen einen Boxer, weil bekannt ist, daß er einen wirklichen Schutz für Wohnung und Haus darstellt.

Sprachschwierigkeiten

Was schon beim Namen des Hundes galt, der kurz und prägnant sein soll, gilt ebenso für die Sprache der Kommandos für seine Erziehung. Er kennt Laute, die er sich sehr schnell einprägt, wenn man sie einheitlich immer wieder anwendet. Diese wenigen Worte, die wir für unseren Hund brauchen, kann und muß man ihm beizeiten, schon als jungem Welpen im neuen Hause, versuchen, begreiflich zu machen.

Eine Reihenfolge der Wichtigkeit dieser Wörter kann man nicht angeben, sie wird sich aus dem Umgang allein ergeben.

Das »Pfui« setzt ein, wenn er versuchen wird, alles aufzunehmen, was da so am Boden herumliegt und was ihm auch außerhalb der vier Wände gefährlich werden könnte. Dieses »Pfui« wird auf die Dauer ein Zeichen sein, daß er etwas Unerlaubtes tut. Es ist selbstverständlich, den mit »Pfui« bezeichneten Gegenstand wegzunehmen, damit er überhaupt begreift, was gemeint ist. Es sind die verschiedensten Gegenstände, die er glaubt, als Spielzeug verwenden zu können, die wir aber

gar nicht so ansehen. Deswegen muß für ihn Ersatz her, mit dem er sich wirklich beschäftigen kann. Und hier wird es wohl in jedem Haushalt etwas geben. Er braucht Beschäftigung, allerdings wird er ungern allein spielen.

Nach dem »Pfui« bringen wir ihm das langgestreckte Wort »Hier« bei. Mit beiden Wörtern kann man gut in der Wohnung anfangen, ohne den Ruck an der Leine. Am Ende, wenn er auf Zuruf kommt, gibt es auf alle Fälle etwas Gutes, eine Belohnung also. Wieder tritt die Verknüpfung ein: Es lohnt sich, auf Herrchens Ruf zu kommen. Und alles wird leichter, je älter unser Hund wird.

Wie oft erlebt man, daß Halter von Boxern auf irgendwelche Übungsplätze kommen und nun, weil sie selbst nicht mehr Herr des Hundes werden, der vielleicht schon ein Jahr oder gar älter ist, den Mann suchen, der ihren Hund »dressieren« soll. Sie haben immer noch den kleinen Boxer im Auge, der sich dann, schnell groß geworden, verhätschelt wegen seiner Lustigkeit und seines quicklebendigen Wesens, so nach und nach zum Tyrannen entwickelt hat. Will Herrchen rechts über die Straße, zieht er links, und wo es dann wirklich hingeht, ist nicht schwer zu erraten. Er kennt höchstens seinen Rufnamen und sonst nichts, ist vielleicht auch schon mal verprügelt worden, weil man glaubte, ihn damit zur Räson bringen zu können. Und nun soll ein Fremder möglichst alles das schnell dem Hund beibringen, worum man sich selbst vorher nicht gekümmert hat. Der Erfolg ist meistens der, daß er bei dem erfahrenen Ausbilder unter gewissem Druck eine ganze Menge macht; nur wenn unser Vierbeiner wieder nach Hause kommt, macht er dieselbe Unordnung wieder und hat den gleichen Ungehorsam wie früher.

Warum? Gewohnheit! Er kann doch nicht unterscheiden wie ein Mensch, der zur Schule geschickt wird, daß er das, was ihm der Ausbildende beigebracht hat, auch bei seinem Herrchen und Frauchen machen muß, wenn es diese bisher nicht verlangt haben.

Viele meinen, daß ihr Freund nicht allein bleiben kann. So, wie er all seinen Gehorsam nach und nach erlernt, so müssen wir das Alleinsein in immer länger werdenden Zeitabständen üben, und es geht ohne Mühe von Minuten bis zu Stunden beim älteren Tier.

Er merkt von Anfang an, daß wir wiederkommen. In den eigenen Räumen, im Auto oder in einer Hütte ihn noch zusätzlich anzubinden, wäre verkehrt. Durch diese weitere Beengtheit fühlt er sich bewegungsunfähig, und es könnte sich die Leine leicht verknäulen, womit die Gefahr einer Strangulierung entsteht, wenn er sich nicht mehr befreien kann. Es sind leider schon zu viele auf diese Art umgekommen.

Aber alles braucht seine Zeit. Unser Boxer wächst, und aus dem Welpen wird ein Teenager oder Twen, und alle Erziehung und Kommandos lassen sich nicht in einer regelmäßigen Übungsstunde – so wie die Schulaufgaben von 3–4 Uhr – vermitteln, sondern dieses Lernen geht vom Aufstehen bis zum Schlafengehen, was nicht ausschließt, daß täglich noch eine besondere Übungsstunde – evtl. beim Spaziergang – eingelegt wird.

Mit dem Größerwerden kommt die Zeit des sogenannten Flegelalters, der Geschlechtsreife, des »Sich-stark-Fühlens«. Das ist noch vor Vollendung des ersten Lebensjahres. Die Hündin wird das erste Mal heiß, der Rüde fängt an, beim Urinieren das Bein zu heben. Beim Spaziergang geht bei ihm das bekannte Schnuppern an jedem Laternenpfahl, an jedem Baum los, wo irgendwelche anderen Hundefreunde auch

schon waren. Man sollte nicht glauben, wie oft ein Rüde dann immer wieder sein Bein hebt, um zu den bereits vorhandenen Gerüchen seine eigene Duftnote auch noch anzubringen.

Es empfiehlt sich also, wenn er sein Geschäft zwei- oder dreimal verrichtet hat, in der Mitte des Gehweges zu laufen, um ein ewiges Zerren zum nächsten Baum zu vermeiden. Der Ruck an der Leine und das Wort »Fuß«, dazu reichlich loben, wird ihn zu einem gehorsamen und anständigen Begleiter werden lassen und nicht zum Leithund der Familie. Es ist selbstverständlich etwas anderes, wenn wir ihn im Gelände frei laufen lassen können. Dort darf er allen Gerüchen nachgehen. Dabei sollte man aber darauf achten, daß er, wenn er in einem Park läuft, nicht auf dem Kinderspielplatz landet – womöglich noch im Sandkasten. Immer wieder muß man feststellen, mit welch einem Kehrmichnichtdran die Besitzer von Hunden es zulassen, daß ihre Lieblinge in diesen für Kinder bestimmten Sandkästen ihr Geschäft verrichten. Das ist, ganz gelinde gesagt, eine Rücksichtslosigkeit und trägt ganz bestimmt nicht dazu bei, die Mitmenschen tierfreundlich werden zu lassen. Genausowenig angebracht ist der Gehweg für diese Geschäfte. Es findet sich immer ein Platz, wo der Hund sich lösen kann. Wer einmal mit Hundekot in sein Auto gestiegen ist, kann die Leute verstehen, die über diese Art von Verunreinigung schimpfen.

Der Ernst des Lebens beginnt

Es herrscht das allgemeine Zahlenspiel im Vergleich Hundealter gegen Menschenalter mit 7 : 1. Es stimmt nur ungefähr, und wenn man schon Vergleiche ziehen will, dürfte dieses Verhältnis etwas niedriger liegen, d.h. etwa 6 : 1. Wir haben heute eine ganze Reihe Boxer, die mit 13, 14 und 15 Jahren in den Hundehimmel eingehen, und wenn man das mit 6 multipliziert, kommen wir dem entsprechenden Menschenalter schon näher. Noch vor nicht allzulanger Zeit lag das Alter des Boxers im Normalfall bei 10 bis 11 Jahren. Es ist genau wie beim Menschen, die Alterserwartung ist in den letzten Jahrzehnten rapide gestiegen, genau wie die Sterblichkeit bei der Geburt gesunken ist. Wir verdanken das zu einem großen Teil der Wissenschaft, die sich heute wesentlich mehr mit der Klein- und Haustierhaltung beschäftigt als früher. Auch die Züchter und Tierhalter beschäftigen sich heute viel mehr als früher mit der sie interessierenden Rasse.

Wer nun mit seinem Boxer Spaß hat, ihn einigermaßen erzogen hat, der sollte auch nicht versäumen, ihn planmäßig weiter auszubilden. Mit einem Jahr, dem schulreifen Alter von 6 Menschenjahren, ist es weder zu früh noch zu spät. Dafür gibt es an vielen Orten Gelegenheit, wenn man sich umsieht. Der Boxer-Klub e.V., Sitz München, unterhält z.B. solche Plätze an rund 150 Orten in Deutschland. Es gibt solche auch in der Schweiz, in Österreich, in Frankreich und vielen anderen Ländern, die ebenso eigene Boxer-Vereine haben.

Zunächst ist für beide, Herrchen und Hund, auf diesen Ausbildungsplätzen alles neu, und das muß erst einmal verdaut werden. Für unseren Vierbeiner sind es die vielen Gleichartigen, wo er doch bisher höchstens mit einem oder zweien mal im Gelände war und ge-

Auf geht's Buam!

spielt hat. Daß die Arbeit hier nun mit Spielen gar nichts mehr zu tun hat, wird er spätestens beim dritten Besuch begriffen haben. Es liegt nun zum großen Teil an uns, ihm diesen Hundeplatz dennoch so angenehm wie möglich zu machen.

Herrchen wird natürlich auch von oben bis unten betrachtet, und es wird nicht lange dauern, ist er in ein Gespräch verwickelt. Wie viele glauben dann, gut gemeinte Ratschläge über die Haltung des Boxers verteilen zu müssen, die, wenn sie alle befolgt würden, zu einem Superhund führen müßten, den aber diese Neunmalklugen selbst nicht besitzen.

Neu ist für unseren Hund, daß hier viele seiner Rassegenossen zugleich sind, die die verschiedensten Kinderstuben genossen haben.

Schließlich wird sich der Ausbildungsleiter melden, und dann geht es los: Immer in einer Reihe hintereinander im Abstand von 3 bis 4 Metern laufen, an der Leine bei Fuß. Nicht ziehen nach dem Vordermann und

47

nicht mit der hinter uns laufenden Hündin spielen, dann einmal Sitz, links und rechts herum und schließlich Platz. Bei dieser Anstrengung darf man auch viel Lob nicht vergessen. Der Organisator steht in der Mitte, und er kann und wird uns auch helfen, wenn hier und da noch Schwierigkeiten auftreten, da er diese von außen viel besser erkennt. Man muß, wenn man sich schon entschlossen hat, auf Übungsplätze zu gehen, gewillt sein, selbst noch etwas zu lernen und nicht in der Meinung leben, der Hund allein würde dort lernen. Gerade hier lernt man den Wert seines Boxers als Schutzhund kennen, und man kann seine Anlagen dazu weiter ausbauen. Unter Aufsicht zu üben, kann Fehler vermeiden, die man unbewußt selbst sonst immer wieder macht. Die Stunde auf solch einem Übungsplatz einmal in der Woche kann man auch als Aufgabenlektion für die kommenden Tage betrachten und das Gezeigte überall beim Spaziergang in die Tat umsetzen. Wenn man das einmal Gelernte nämlich nicht strikt weiterübt und durchhält, ergibt sich eines Tages die Situation, daß unser Hund auf dem Übungsplatz jede Situation beherrscht, außerhalb des Geländes aber alles gerade Geübte nicht ausführt. Er glaubt also, nur auf dem Platz mit den vielen Hunden gehorchen zu müssen, während es sonst nicht so streng zugeht.

Alle Übungen sollen der täglichen Praxis dienen, den Dingen, mit denen wir laufend konfrontiert werden. Wir gehen mit oder ohne Hund durch die abgelegte Reihe – das kann uns auf der Straße bei dichtem Verkehr überall passieren, wo es kein Ausweichen gibt. Viele Überraschungseffekte werden geübt, sei es das Aufspannen eines Regenschirms, Geräusche aller Art und auch der Knall einer Schreckschußpistole. Praxisnah ist auch das Heben unseres Boxers auf einen Tisch für den Fall, daß wir zum Tierarzt müssen. Diese können bestimmt ein Lied davon singen, wie viele Tierhalter vor dem Behandlungstisch stehen und nicht wissen, wie sie ihren eigenen Hund da hinaufbringen sollen.

Die Übungen steigern sich natürlich, und der gewissenhafte Ausbilder kennt seine Pappenheimer und weiß auch, was er ihnen zutrauen kann. Es kommt das Liegenbleiben – »Platz« – mit dem Herrn dabei und ohne seinen Herrn, der zunächst in Sichtweite bleibt. Der Hund wird herangerufen, einzeln oder aus der Reihe heraus, einer nach dem anderen. Hier werden wir feststellen, daß der Hund sehr wohl die Stimme seines Besitzers erkennt, und man sollte es sofort unterbinden, wenn der Versuch gemacht wird, daß ein Fremder unseren Hund mit Namen ruft, und er dann auch kommen will.

Kommandos werden also nur vom eigenen Herrn erteilt. Das allgemeine Rufen des Ausbilders wird also immer heißen: Hunde Sitz oder Hunde Platz, und der eigene Herr gibt dann seinem Hund den Befehl: »Sitz« oder »Platz«. Damit wird also erreicht, daß unser Hund auch im täglichen Umgang nur die Kommandos seines eigenen Herrn beachtet und sich nicht von anderen zwingen läßt. Eine Unerläßlichkeit, die sich oft bewähren wird.

Für die Schutzhundprüfung gibt es eine Prüfungsordnung, die die verlangten Leistungen einzeln und ausgiebig beschreibt. Das Mindestalter hierfür beträgt 14 Monate. Doch zur Ablegung dieser Prüfung gehört eine ganze Menge mehr als reine Gehorsamsübungen, wie z.B. Fährtenarbeit mit dem Aufspüren von Gegenständen, die man zunächst selbst und die später ein Fährtenleger legt. Die Fährte wird immer länger, mit

Und wie komme
ich wieder hinunter?

49

vielen Ecken und Winkeln über Feld und Flur oder im Wald. Diese Arbeit ist für unseren Hund sehr anstrengend, aber er stellt hier seinen enormen Geruchssinn unter Beweis, wenn er nur weiß, was er zu tun hat. Unsere Arbeit ist, ihm dies begreiflich zu machen. Er wird an einer etwa 10 Meter langen Leine geführt, die ihm letzten Endes völlige Bewegungsfreiheit läßt. Wie mancher Boxer hat schon einen verlorenen Handschuh oder auch Schlüsselbund wiedergefunden. Selbst wenn er dazu keine Prüfung braucht, so sollte man doch wissen, wie man es macht. Der Hund findet den Weg eher zurück auf Grund seiner Nase als wir mit dem menschlichen Auge.

Weiter gehören zu einer Prüfung der vielgepriesene Schutzdienst, von dem manche glauben, daß er das Wichtigste für sie wäre, wenn sie mit einem noch nicht erzogenen und an Gehorsam gewöhnten Hund auf die Übungsplätze kommen. Die Natur hat dem Boxer seinen Mut, seinen Kampf- und Schutztrieb gegeben, und es wäre sehr leichtfertig, zu

Bitte laß das!

sagen, daß ein Boxer, der am Anfang wenig von diesen Eigenschaften zeigt, feige sei. Erziehungsfehler können auch hier wesentlich zu diesem Eindruck beigetragen haben. Ein ständiges ängstliches Beschützen und Bemuttern unseres Hundes anstelle eines immer neuen Heranführens an alle Ungewohnheiten sind hier vielfach die Fehler.

Die Unerschrockenheit und der Mut unseres Boxers werden bei richtiger Erziehung in den allermeisten Fällen da sein. Sollte einmal der gegenteilige Eindruck vorherrschen, tritt der immer wiederkehrende Fehler auf, alles auf den Hund – oder auch auf den Züchter – zu schieben, anstatt sich selbst gelegentlich zu fragen, was man falsch gemacht haben könnte. Das immer wieder unbedacht ausgesprochene: Der dumme Hund! sollte besser ersetzt werden durch: Der dumme Mensch! Wir rühmen uns doch immer, im Gegensatz zum Tier Vernunft zu haben, und wollen diese vom Hund verlangen, von dem wir doch wissen, daß er ein Gewohnheitstier und kein Vernunftstier ist, wenn er auch Verstand entwickelt. Zur richtigen Erziehung gehört also immer, das Selbstbewußtsein des Tieres im täglichen Umgang zu stärken, ohne es damit aus dem Gehorsam entgleiten zu lassen.

Die Fortsetzung des Programms auf den Übungsplätzen geschieht nun mit Hilfe des fremden, bösen Mannes – Hetzer oder auch Figurant genannt. Der Schutzarm oder auch Schutzanzug dient nun tatsächlich nur zum Schutz, und man sollte gleich von Anfang an darauf achten, daß der Sinn der ganzen Übung ist, den Scheintäter zu stellen und nicht beim Hund der Eindruck entsteht, daß dieses stark gepolsterte Hilfsmittel sein Angriffsziel sei. Sonst kann beim Hund nur zu leicht der Eindruck entstehen, wir betrieben eine Spielerei. Deshalb sollte – natürlich beim angeleinten Hund – der Figurant, nachdem unser Boxer auf Kommando ausgelassen hat, den Ärmel fallen lassen. Will unser Boxer nun mit dem Ärmel sein Spiel treiben, sollte unter Mithilfe des Figuranten dem Hund verständlich gemacht werden, daß der Mensch der Übeltäter ist, den er zu stellen hat.

Diese Übungen auf den Ausbildungsplätzen sollte man praxisnah umsetzen, indem man den Scheintäter bittet, zu einer vereinbarten Zeit beim Spazierengehen oder auch im eigenen Haus zu erscheinen, denn sonst glaubt auch hier wieder der Hund, dieses Spielchen gibt es nur sonntags, wenn ich mit Herrchen auf dem Platz erscheinen muß.

Bewegung tut gut

Unser Boxer braucht immer wieder Bewegung, und es ist einzusehen, daß es auch einmal strapaziös werden kann, wenn man sich dauernd mit ihm beschäftigen muß. Wir aber fordern von ihm eine Leistung, also müssen wir bereit sein, auch entsprechend zu handeln.

Bei guter Beobachtung werden wir feststellen, daß der Hund sich ganz individuell auf unsere Gewohnheiten einstellt. Und hier sei auch das Wort, das so zutreffend ist, erlaubt: »Der Hund nimmt die Gewohnheiten des Herrn an«. Mit einer gewissen Anzüglichkeit wird dann natürlich von manchem Hund behauptet, er bliebe vor jeder Kneipe stehen, was vielleicht gar nicht so unzutreffend ist.

Auch seine Gangart paßt sich beim Spaziergehen mit der Zeit an unsere an, und es zeigt sich am Hund, ob sein Herrchen ein gutes Tempo hält oder ob er, wie man sagt, einen Rentnergang an sich hat.

Die Führigkeit und seine Gelehrsamkeit hat der Boxer beispielsweise gerade als Blindenführer sehr gut bewiesen.

Von seinen regelmäßigen Notdurftgängen abgesehen, wird es einen in der Familie geben, der regelmäßig mit unserem Boxer sein Laufpensum erledigt – für den Hund und für sich selbst. Man hört heute immer mehr, daß ein Vierbeiner zur Aufrechterhaltung der eigenen Gesundheit gehalten wird. Das kontaktarme Leben in dieser nur auf Mechanik eingestellten Zeit bringt uns mit einem Hund wieder wenigstens etwas ins Gleichgewicht, und so erfüllt er auch hier eine nicht unwesentliche Aufgabe.

Bei diesen Gängen sollte man sich von vornherein immer ein Ziel setzen und überlegen, wie lange man gehen will. Mit dem größer gewordenen Boxer sind 4 bis 5 km, also etwa eine Stunde, nicht zuviel. Man soll nicht den Fehler machen, jeden Tag den gleichen Weg zu laufen, denn dann wird dieser für den Hund zur Gewohnheit, er kennt jeden Baum und jeden Laternenpfahl, und für uns selbst wird es auch langweilig und eine ausgemachte Pflichtübung. Bei möglichst oft wechselnden Eindrücken können wir unseren Boxer vor neue Situationen stellen und viel besser auch das Gefühl der Vertrautheit und des Zutrauens wecken.

Nicht ohne meine Einwilligung.

Nebenbei gesagt, werden wir hierbei selbst in Gegenden kommen, in denen wir noch nie waren und in die wir sonst nie gekommen wären.

Im Laufe des Weges wird es passieren, daß er sich lösen will und muß. Von Anfang an soll darauf geachtet werden – und man wird bei guter Beobachtung bald seinem Hund ansehen, wann es soweit ist –, daß dies nicht willkürlich irgendwo geschieht – schon gar nicht auf dem Bürgersteig. Viele halten nun den Rinnstein für geeignet, was auf wenig befahrenen Straßen durchaus möglich ist, aber was soll man hier an einer stark von Autos frequentierten Straße tun? Hat er sich nämlich einmal an den Rinnstein gewöhnt, dann wird er immer dahin gehen, ganz gleich, ob die Straße wenig oder viel Verkehr aufweist.

Besser ist noch immer, ihm anzugewöhnen, sich nur auf Erde oder Gras zu lösen, weil er durch seinen erhaltenen Naturtrieb dort versuchen wird, durch Scharren mit den Hinterpfoten die Spuren zu verwischen – im Gegensatz zum Urinieren, wo er absichtlich seine Duftmarke hinterläßt. Und selbst in der Großstadt gibt es noch immer ein paar Straßenbäume, die im Pflaster ausgelassen sind. Es ist wohl selbstverständlich, daß man nicht auf Kinderspielplätze, öffentliche und private Grünanlagen geht. Aber durch die Gewöhnung an Erde und Gras vermeiden wir das Häufchensetzen auf dem Pflaster, und irgendwo muß es ja geschehen.

Ganz Gescheite sind auf die Idee gekommen, öffentliche Hunde-Bedürfnisanstalten aufstellen zu wollen, aber wer darauf gekommen ist, hat wohl als Heimtier einen Hamster oder eine Tanzmaus, auf alle Fälle keinen Umgang mit einem Hund.

In vielen Großstädten sind heute auch einige Hunde-Spielplätze eingerichtet. Die Absicht war bestimmt nicht schlecht, aber letzten Endes ein Anfang der erwähnten öffentlichen Anstalten. Die Sauberkeit läßt dort jedenfalls automatisch sehr zu wünschen übrig, und die Gefahr von Infektionen durch die Ausscheidungen der vielen Tiere ist sehr groß.

Der vernünftige Hundeführer wird immer ohne Beanstandung einen Platz finden, wo der Boxer seine Notdurft verrichten kann, und der Platz kann bestimmt weniger unangenehm sein als manche Umgebung von vielen Halteplätzen an unseren Autobahnen oder in irgendwelchen dunklen Straßenunterführungen, wo der Mensch seine Spuren hinterläßt.

Diese Probleme treffen natürlich vor allem den Stadtbewohner. Aber will man ihm deswegen den Kontakt mit dem Hund verbieten?

Die Bestrebungen sind leider ernsthaft im Gange, und es liegt am Tierhalter selbst, durch entsprechende Erziehung seines Hundes dem entgegenzusteuern und nicht durch Gedankenlosigkeit oder Bequemlichkeit hierfür noch mehr Gründe zu liefern.

Zur täglichen Schulung für unseren Boxer gehört das Sammeln immer neuer Eindrücke, und nur dadurch können wir seinen ihm angeborenen Mut und seine Unerschrockenheit fördern. Es ist also nicht ratsam, vor lauter Ängstlichkeit nur ruhige Gegenden aufzusuchen, um möglichst ohne Schwierigkeiten über die Runden zu kommen. – Natürlich sollte ein Besuch auf seinem Spielplatz zu unserem täglichen Spaziergang dazugehören. Hier kann er sich so richtig austoben, was für seine Bewegung mehr ist als zwei Stunden spazierengehen.

Aber wie gesagt, grundsätzlich ist die Abwechslung für unseren Boxer wichtig. Wir werden sehr schnell sehen, mit wieviel Aufmerksamkeit er alles Neue verfolgt, so daß es ihm letzten Endes zur Gewohnheit wird und ihn nicht mehr schreckt.

Den kenne ich doch?

Bei all diesen Wegen soll und kann er manches Gelernte weiter üben.
»Sitz« bei jedem Stehenbleiben. »Pfui« bei seinem Schnuppern, »Platz«,
wenn wir uns auf eine Bank setzen. »Hier«, wenn er frei herumläuft
und er wieder angeleint werden soll. Die Begegnung mit fremden Hunden braucht kein Problem zu werden, auf dem Übungsplatz hat er das
schon gelernt. Auf dem Bürgersteig mit anderen Hunden spielen geht
sowieso nicht, die Leinen verfangen sich, und wir stehen anderen Pas-
santen nur im Wege. Möglichkeiten zu Raufereien mit anderen großen
Hunden können entstehen. Der eine läuft frei, und man kennt die groß-
spurigen Redensarten mit dem Motto: »Mein Hund tut nichts, Sie können ruhig kommen«. Nur sollte man sich darauf niemals verlassen und
eher dem anderen zurufen: »Aber meiner beißt!« Vielleicht leint der
Fremde seinen Hund dann doch an. Hierbei eine Faustregel: Große
Hunde fallen keine kleinen Hunde an, auch Rüde und Hündin beißen
sich im allgemeinen nicht. Aber das sind wieder die berühmten 99 %,
und das fehlende 1 % sollte man immer ins Kalkül ziehen.   **55**

Das Betreten von vielen Geschäften, insbesondere solchen mit Lebensmitteln, mit unserem Hund ist behördlich verboten. Man sollte nur dann hineingehen, wenn man den außerhalb angebundenen Hund beobachten kann, denn man haftet immer für Schäden, die eintreten können – auch wenn der Hund von Fremden geneckt wird. Der Richterspruch wird hier immer lauten: »Wenn Ihr Boxer beißt, muß er einen Maulkorb tragen!« Aber wer möchte das schon? Also lieber vorbeugen! In Wald und Flur kann unser Boxer frei laufen, sofern keine besonderen Schilder über Leinenzwang oder Tollwutgefahr angebracht sind, aber das Gesetz sagt, daß der Hund in Rufweite beziehungsweise unter dem Einfluß des Führers bleiben soll. Die Auslegung dieser Bestimmung ist natürlich eine Ermessenssache, und wie das aussieht, kann sich jeder selbst ausrechnen. Es ist jedenfalls schon vorgekommen, daß ein gelber Boxer, der sich 50 Meter von seinem Herrn entfernt hatte, von einem Jäger erschossen wurde. Den Nachweis zu bringen, daß unser Hund nicht wildert, wird sehr schwer sein.

Bei all diesem Zusammensein mit unserem gelben oder gestromten Boxer außerhalb des Hauses, nur mit seinem Führer allein oder auch in Gesellschaft, wird es sich erweisen, inwieweit wir ihm Gehorsam beigebracht haben und was ihm noch fehlt. Das Zusammentreffen mit anderen Tieren, ob Artgenossen oder nicht, schreckt ihn in keinem Falle. Staunend steht der Großstadthund auf dem Land vor einer Koppel mit Kühen, die an das Gatter kommen, und bellt sie an. Da kann allein schon dem Begleiter nicht ganz wohl werden, wenn diese alle ankommen. Dazu gibt es Hühner und anderes Federvieh, und welcher unbeaufsichtigte Hund hätte nicht schon eine Trophäe dieser Art angebracht. Ihn hier zu strafen, wenn man nicht dabei war, nützt in keinem Falle etwas. Er wird bei erster unbeaufsichtigter Gelegenheit das gleiche tun und, um der Strafe zu entgehen, seine Beute verscharren. Wir müssen seinen Trieb, wenn wir dabei sind, sofort unterdrücken.

Die Wechselbeziehungen sind das, was man auch auf seinen Wanderungen mit dem Hund suchen sollte. Der Großstadtbewohner, der oft in dichtem Verkehr und im Betrieb der Masse mit seinem Tier lebt und läuft, geht in die freie Natur. Er strebt diese ja auch ganz von selbst für sich an. Umgekehrt wird derjenige oder besser, sollte der außerhalb auf dem Lande oder in den Vororten Wohnende mit seinem Hund ab und zu in die Stadt gehen, damit für seinen Begleiter auch all diese Neuigkeiten zur Gewohnheit werden.

Denken wir an den Menschen, der jahrelang abseits von allem Massenbetrieb gewohnt hat, nie herausgekommen ist. Wenn dieser plötzlich aus einem Zufall heraus mitten in den Geschäftsbetrieb einer Großstadt gestellt wird, ist er hilflos und ängstlich, weil er sich nicht auskennt. Und wie oft wird nun ein Hund ohne Überlegung verurteilt, wenn er vor etwas zurückschreckt, mit dem Bemerken, er sei scheu, feige und ohne Mut. Sind wir als Menschen mit sogenanntem Verstand besser? Vor allem, wenn wir etwas nicht kennen, machen wir auch erst einmal einen Schritt zurück, um zu prüfen, was da auf uns zukommt. Zu Hause sind wir alle die Stärksten, und so auch unser Hund.

Der Boxer ohne Leithund

Sicher gibt es Stunden, in denen der Hund ohne Betreuer ist, zumal man ja auch noch andere Verpflichtungen hat. Solange man in den eigenen vier Wänden beschäftigt ist, wird das nicht schlimm, denn wie Kinder, so soll sich auch der Hund nicht ewig an die Schürze klammern. Denn wenn der Hund nie allein sein kann, wird der Mensch zum Sklaven des Tieres. Und das ist nicht der Sinn.

Je älter der Hund wird, desto eher kann man die Zeit des Fernbleibens ausdehnen. Man fängt vielleicht mit 10 Minuten an. Es ist unwahrscheinlich, wie sich ein Tier über das Wiedersehen freuen kann, wenn man ihn dann auch noch belohnt und lobt, wie brav er war (natürlich nur, sofern er inzwischen nichts angestellt hat). Einsperren sollte man ihn nicht, wenn man die Wohnung verläßt, sondern die Türen aufsperren, damit er wandern kann. Vielleicht hat man Glück und findet alles wieder heil vor, aber es kann am Anfang auch vorkommen, daß er sich anderweitig amüsiert hat. Er wird es bald spitz kriegen, wenn man ihn ausschimpft und auf seine Untaten hinweist. Verstecken sie sich mal und beobachten ihn, um ihn mit einem donnernden »Pfui« zu überraschen. Aber meistens geht es gut, und der Zeitraum des Alleinseins wird immer länger. Einen ausgewachsenen Boxer kann man dann unbesorgt mehrere Stunden allein lassen, aber man sollte es sich zur Regel machen, vorher und nachher Gassi zu gehen.

Mit dem Boxer in die Ferien

Was auf jeden Tierhalter zukommt, ist die Urlaubsfrage. Der wirkliche Tierfreund, der sich immer und ausgiebig mit seinem Hund befaßt, kennt diese Frage weniger. Er nimmt ihn mit und sucht sich sein Urlaubsziel danach aus. Man sollte nicht glauben, wie schön Ferien mit dem Hund sein können.

Hundepensionen bieten sich heute in zahlreichem Maße an, den Freund Vierbeiner in Pflege zu nehmen. Er hat dort seinen Auslauf, sein Fressen, seine Versorgung, die auch in den allermeisten Fällen eine tierärztliche Betreuung sicherstellt. Eines können sie alle nicht bieten, die Geborgenheit der gewohnten Umgebung, und je mehr der Hund an uns gewöhnt ist, desto mehr zeigt sich eine Niedergeschlagenheit, die sich vor allem in der Futterverweigerung äußern kann.

Läßt sich ein Daheimbleiben des Boxers gar nicht vermeiden und sind auch keine Verwandten und Bekannten da, die die Aufsicht übernehmen können, sollte man auch einmal mit seinem Züchter über diese Frage sprechen. In den meisten Fällen und bei Kenntnis der Sachlage und Umstände werden viele ein offenes Ohr haben. Sie können den Boxer mit einordnen in ihre Zuchtgemeinschaft, wo er mit den anderen zusammen, unter fachkundiger Pflege, das Alleinsein nicht gar so sehr verspürt.

Urlaubsplanung

Bleiben wir also am Anfang und nehmen unseren Boxer mit in die Ferien. Die Frage stellt sich also automatisch: Wohin im Urlaub? Besser kann man zunächst sagen: Wohin können wir nicht? Der Quarantäne wegen ist die Fahrt in einzelne Länder gesperrt, das betrifft unter anderem das klassische Hundeland Großbritannien, dazu von den skandinavischen Ländern Schweden, Finnland und Norwegen. Es bleibt alles

Ganz auf Urlaub eingestellt!

andere offen für unseren Hund, und jeder kann seinen Neigungen nachgehen.

Die See mit ihrer Brandung gebietet zwar hier und da mit Rücksicht auf die zahlreichen Badegäste gewisse Einschränkungen, aber ein Strand für den Hund wird fast überall vorhanden sein. Unser Boxer ist ein guter Schwimmer – aber er muß ans Wasser gewöhnt werden. Daß das leider nicht mehr oft der Fall sein kann, erklärt sich aus unseren verschmutzten Gewässern, in die man keinen Hund springen lassen sollte. Vielleicht lernt er also an der See das erste Mal das viele Naß kennen, und man wird ihn auf freiwilliger Basis mit hinein ins Wasser locken, bis er es von selbst spitz bekommt, daß auch das Schwimmen eine angenehme Sache sein kann. Bei kühlem Wetter muß man ihn selbstverständlich trocken reiben. In den Dünen kann er sich so richtig nach Herzenslust austoben, und er wird sich auch an das neue Ferienlager in Gemeinschaft mit seiner Familie schnell gewöhnen.

Die Unterkunftsfrage muß nach vorheriger Befragung gelöst werden. Also sollte man unbedingt darauf hinweisen, daß man mit einem Boxer anreist. Sonst kann es passieren, daß man am Ferienziel anlangt, und der Wirt sich weigert, unseren Begleiter aufzunehmen. Es hat sich eingebürgert, auch für den Hund ein Entgelt zu zahlen. Aber die meisten Beherbergungsbetriebe nehmen den Hund mit auf, sofern sie nicht allzuschlechte Erfahrungen mit einem Nichterzogenen gemacht haben. Oft erlebt man es, daß sie den Boxer mit seinem sauberen Äußeren, seiner unauffälligen ruhigen Art auch gern gewonnen haben, immer vorausgesetzt, er hat von Gehorsam schon etwas gehört. Der Ausspruch manches Wirtes ist noch immer richtig: Kein Hund hat je seine Schuhe an den Gardinen abgeputzt oder mit der Rasierklinge die Handtücher zerschnitten. Er muß ja nicht gerade sichtbar im Bett schlafen, und es gibt überall genügend Decken, um ihm auch für kühle Nächte ein warmes Lager zu schaffen.

Wer auf das Land oder ins Gebirge fährt, wird gerade hier die Ausdauer und Unermüdlichkeit seines Boxers bewundern und ihn wieder als Begleiter nicht missen wollen.

An der Futterfrage wird die Mitnahme unseres Boxers niemals scheitern. Die Vielzahl der Vierbeiner hat dafür gesorgt, daß man Fertigfutter als Beikost fast überall erwerben kann, und selbst im kleinsten Dorf ist noch immer ein Fleischer, bei dem man zusätzlich Frischkost mitnehmen kann. Nur gut gemeinte Vorschläge, die Reste aus der Gaststättenküche für den Hund zu nehmen, muß man mit freundlichen Worten abwehren.

Die Fahrt in den Urlaub führen die meisten von uns heute sowieso mit dem Auto durch. Der Hund wird also dieses Gefährt schon lange gewohnt sein, und für ihn ist höchstens die Länge der Reise neu. Deswegen hält man so alle zwei Stunden zu einer kurzen Verschnaufpause an, in der alle Geschäfte erledigt werden können. So wie der Mensch nicht mit vollem Magen lange Strecken fahren soll, ist es auch mit dem Hund. Die reichliche Mahlzeit am Schluß, und er wird es zufrieden sein.

Beim Autofahren – wie auch sonst – ist Zugwind zu vermeiden, den aber der oder die Mitfahrenden auch nicht vertragen können, und bei hohen Temperaturen sollte man öfter einmal Pause machen. Wir lassen unseren Hund nicht den Kopf zum Fenster hinausstecken, auch wenn es noch so attraktiv aussieht und man es leider immer wieder beobachtet. So, wie man Kinder nur auf dem Rücksitz lassen soll, ist es ebenfalls mit dem Tier. Denn wenn er vorn neben dem Fahrer auf dem Sitz ist, wird er bei scharfem Bremsen gegen die Windschutzscheibe geschleudert. Liegt er bei dem Fahrer unten, wirkt die Frischluftanlage oder die Heizung auf die Dauer störend. Zudem ist sein Interesse an der Außenwelt viel zu groß. Lange Dauergeschwindigkeiten verbringt er im Liegen und Dösen, doch schon ein Zurückschalten bringt ihn hoch, weil er den Unterschied sehr schnell merkt und glaubt, es gehe ans Aussteigen.

Für die Reise ein paar Hundekuchen oder Plätzchen, irgendwo etwas frisches Wasser in der Thermosflasche oder im Kanister, und er fühlt sich wohl.

Bei einer Bahnfahrt interessiert ihn auch die neue Umgebung. Eine Decke soll man mit im Gepäck haben, damit er sich hinlegen kann. Die Zwischenaufenthalte sollen zum kurzen Ausführen benutzt werden, und er wird höchstens ein Bächlein machen, wenn auch hier die letzte Mahlzeit lange genug vorher verdaut ist. Sein Fahrpreis beträgt in Deutschland den Preis einer Kinderfahrkarte. Die Deutsche Bundes-

Neue Wege im Urlaub!

bahn schreibt zwar in ihren Beförderungsbedingungen vor, daß Hunde mitgenommen werden können, wenn ein besonderes Abteil zur Verfügung gestellt werden kann, aber ein sich gut aufführender Hund wird auch in anderen Abteilen kaum Widerspruch finden. Er kann zwar auch in einem genügend gesicherten Behälter als Reisegepäck aufgegeben werden, aber wer möchte das seinem Vierbeiner schon zumuten. Auch im Schlafwagen kann unser Freund bei uns bleiben, wenn wir mit ihm allein sind.

Die Reise im Flugzeug ist für einen Boxer schon etwas umständlicher, da er nun dort tatsächlich in einen Behälter muß. Es wird die jeweilige Fluggesellschaft hierüber Auskunft geben, damit er mit uns und nicht allein fliegen muß, und überflüssigerweise stundenlang irgendwo auf uns wartet. Je nach Länge und Ziel der Reise soll aber auch schon wegen möglicher Impfvorschriften vorher der Tierarzt konsultiert werden, der ihm wahrscheinlich ein ungefährliches Schlafmittel verschreiben wird, damit er die Zeit in der ungewohnten Box besser überwindet.

Außer den bereits erwähnten gesperrten Ländern mit Quarantäne-Vorschriften sind in einzelnen Ländern die nationalen Bedingungen vorher zu erkunden, gerade wegen der Impfungen. Diese können sich jeweils kurzfristig ändern, so daß eine Erkundigung bei dem nächsten Konsulat die sicherste Lösung ist. Es sei zum Beispiel erwähnt, daß er in Österreich beim Benutzen öffentlicher Verkehrsmittel – auch Taxis – einen Maulkorb zu tragen hat. Normalerweise ist heute niemand mehr im Besitz eines solchen und braucht ihn überhaupt nicht beim Boxer. Aber jedenfalls sollte man dort in seinem Gepäck einen bei sich führen – und wenn es nur zum Vorzeigen an der Grenze ist.

Den Hund immer um sich herum zu haben, das geht auch auf einem Campingplatz. Unser Zelt- und Wohnwagennachbar wird das zwar zunächst einmal kritisch betrachten. Wenn wir uns aber mit unserem Boxer genauso abgeben wie zu Hause, wird er beim Nachbarn nicht unbedingt seine Duftnote hinterlassen. Ihn laufend anzubinden, ist allerdings für unseren Hund nicht die wahre Freude. Auch wird er sich erst an die Nachbarn gewöhnen müssen, die nicht die gleichen wie zu Hause sind, die ihn immer sehen und die unser Vierbeiner auch schon lange kennt.

Und wenn wir schon beim Verreisen und Wandern sind, kommt das neue Trimm-Dich-Spiel aus der Nostalgiewelle, das Fahrrad. Der Boxer ist ein Traber, und es macht ihm mehr Spaß, hier mitzulaufen, als nur dauernd den Spaziergänger zu spielen, mit nur gelegentlicher Möglichkeit zum Austoben.

Am Fahrrad läuft der Hund aus verständlichen Sicherheitsgründen grundsätzlich auf der rechten Seite. Genau wie beim Gehen soll er neben dem Rad laufen, nicht ziehen, und hier richtet sich nun das Tempo nach ihm. Öfteres Training auf kurzen Strecken, die erst nach und nach länger werden, mit den entsprechenden Pausen nach vier bis sechs Kilometern und je nach der Außentemperatur, ist unbedingt erforderlich. Im Hochsommer über sonnige Feldwege zu fahren, strengt uns und ihn an, und wir müssen ihn dabei genau beobachten. Die Gefahr eines Hitzschlages könnte auch hier eintreten. Wir sehen uns auch ab und zu seine Pfoten an, ob er sich nicht wundgelaufen oder einen Dorn aufgepiekt hat. Bei der Ruhepause wird ein schattiger Platz gesucht. Einen Wundverband sollte man immer dabei haben.

Sommer- und Wintergarderobe

Der Boxer hat seine Verbreitung auf der ganzen Welt, und daraus kann man ersehen, daß er sich auf alle klimatischen Verhältnisse einrichtet.

Der allmähliche Übergang von der warmen zur kalten Jahreszeit bringt für ihn keine Kleidersorgen, aber wir wissen, daß wir auf ihn eine verständliche Rücksicht nehmen müssen.

Hinzu kommt das Alter unseres Boxers. Ein junger oder im besten Alter stehender Boxer hat mehr Widerstandskraft als ein Welpe oder betagter Hund.

Auch hier spielt die Haltung eine wesentliche Rolle. Es soll ihm im Sommer wie im Winter möglichst Gelegenheit gegeben werden, seinen Aufenthaltsort selbst zu wählen. Allein daraus können wir ersehen, was ihm gut tut. In praller Sonnenhitze, wenn wir am Strand liegen und mit Gewalt braun werden wollen, den Boxer zwingen, daneben liegen zu bleiben, ist nicht der Sinn der Sache. Auch die Tiere in der freien Natur meiden die starke Mittagssonne und fühlen sich in ihrem schattigen Bau am wohlsten.

Autofahren in der warmen Jahreszeit und beim Aussteigen den Boxer im Auto zu lassen, hat schon manchen das Leben gekostet. Es genügt auch in keinem Falle, ein oder zwei Fenster spaltweit zu öffnen, die Ventilation fehlt, die Temperatur steigt sofort. Das Thermometer im Auto beweist uns, wie schnell dann 50 Grad erreicht sind. Die Reflexion der Scheiben ist sehr groß, und häufig wird auch vergessen, wenn wir im Augenblick des Haltens im Schatten stehen, wie schnell die Sonne wandert und der Wagen dann in der Hitze steht. Die Folgen sind Atemnot bis hin zum Tod durch Hitzschlag. Die vermeidbare Vernachlässigung des Hundes führt also zu erheblichen Schmerzen und Leiden. Nach dem Tierschutzgesetz kann der hierfür Verantwortliche mit einer Geldbuße belegt werden.

Der kurzhaarige Boxer reagiert also empfindlich, und wir sollten ihm reichlich Gelegenheit geben, sich frei zu bewegen und sich seinen ihm genehmen Platz selbst suchen zu lassen. Dieser wird immer im Schatten sein.

Im Winter nun achten wir darauf, ihn von Heizkörpern und Öfen wegzubringen, denn die großen Temperaturunterschiede zwischen Haus und Straße werden sonst problematisch. Beim ersten Schneefall wird er staunend davor stehen, und das Spiel im Treiben der Flocken macht ihm sichtlich Spaß. Es wird sich nicht vermeiden lassen, daß er dabei kräftig naß wird und wir ihn dann zu Hause tüchtig trocken reiben müssen.

Schlimmer ist es schon für Stadthunde. Das teilweise verbotene, aber doch immer wieder praktizierte Streuen von Viehsalz auf Gehwegen und Übergängen kann für den Hund zur Qual werden. Da man davor nicht gefeit ist, empfiehlt es sich, immer ein altes Tuch oder mehrere einzustecken, um ihm sofort, wenn wir seine Schmerzen bemerken – manchmal humpelt er auf drei Beinen – die Stellen zwischen den Zehen gleich auf der Straße auszuputzen. Das äußerst scharfe Brennen auf den ungeschützten Ballen erzeugt Wunden, deren Heilung bei Nichtbeachtung sehr langwierig sein kann. Zu Hause angekommen, wäscht man die Ballen und die Stellen zwischen den Zehen umgehend mit lauwarmem Wasser aus und fettet sie leicht ein, am besten mit einer nichtriechenden Creme. Man achte dabei immer darauf, ob etwa offene Stellen vorhanden sind, die sich auch durch Vereisung einstellen können.

Genau wie im Sommer bei extremen Hitzetemperaturen, so im Winter bei übermäßig starkem Frost unternehmen wir mit unserem Boxer nur die notwendigsten Gänge ins Freie. Im Sommer bietet sich der späte Abend besonders zum Ausführen an.

So, wie wir mit ihm in den verschiedensten Jahreszeiten zu Hause gut über die Runden kommen, so gut kann er also beim Hang zum Süden wieder in die Ferien mitfahren. Der Übergang von kalt zu warm ist zwar schneller, das betrifft aber den Menschen auch. Wir wissen selbst, daß wir uns in den ersten Ferientagen nicht zu lange einer starken Sonnenstrahlung aussetzen sollen. Der junge und der ausgewachsene Hund überwindet den Klimawechsel so schnell wie der Mensch. Beim alten Tier soll man etwas vorsichtiger sein, für ihn dauert die Akklimatisation erheblich länger. Seine Gewöhnung an die neue Umgebung fällt ihm nicht schwer, er vermißt ja nichts. Anders ist es allenfalls in südlichen Ländern mit der Futterfrage, da dort noch nicht immer das übliche Fertigfutter zu bekommen ist und man daher größeres Augenmerk auf die Zusammenstellung richten sollte, damit die ihm gewohnte Art nicht wesentlich verändert verabreicht wird.

Nach einem tüchtigen Gewitterguß und bei anhaltendem Regen wird der Boxer ebenfalls ausgiebig trocken gerieben. Es macht ihm die Nässe nicht gerade Spaß, dazu ist er schon zu lange an unsere trockenen Wohnungen gewöhnt. Von allein hätte er sich selbst schon lange ein trockenes Plätzchen gesucht, statt mit uns draußen herumspazieren zu müssen. Daher das Sprichwort: »Bei dem Wetter jagt man keinen Hund vor die Tür«. Unser Freund hält also seinen Pelz gerne trocken, aber wenn er eingeregnet ist, ist es ihm auch gleichgültig, er trabt tapfer neben seinem Herrchen her.

Man muß die Feste feiern ...

Wo gibt es nicht eine Reihe von Tagen, in denen das Haus oder die Wohnung auf den Kopf gestellt wird und unser Hund dann an zweiter Stelle rangiert, wo er doch sonst dominiert.

Weihnachten mit all den Lichtern, Ketten und Lametta ist für ihn etwas Neues. Wir dürfen ihn dabei nicht vergessen, denn er kann sich ja nicht erklären, warum auf einmal die gewohnte Umgebung ganz anders aussieht.

»Der Hund soll auch merken, daß Weihnachten ist« gehört mit zur verbreitetsten Redensart, und dann bekommt er hier ein Stück vom Tisch und da ein Stück in der Küche frisch vom Herd, und wir brauchen uns nicht zu wundern, wenn die Praxiszimmer der Tierärzte in dieser Zeit besonders stark frequentiert sind.

Und in all dem Durcheinander liegt dann plötzlich der Christbaum quer im Zimmer, denn irgendeine Kugel, auf die wir den Hund noch vorher aufmerksam gemacht haben, hat sein besonderes Interesse erweckt. Ja, und dann ist natürlich wieder unser Boxer daran schuld.

Weiter geht es mit Silvestertanz und Faschingsschunkeln, Knallen von Raketen und anderen Feuerwerkskörpern. Unser Hund ist kein zusätzliches Karnevalsobjekt, und er, der sonst so unerschrocken seinen Boxer-Charakter zur Schau trägt, wird hier in der Menge auf der Straße bedrängt. Er hat zwar keine Scheu vor dem Schuß, nur das ungewöhnliche und unermüdliche Krachen kann ihn erregen, und ganz Unvernünftige machen das noch in unmittelbarer Nähe seiner Ohren, die besonders empfindlich sind.

Überhaupt verdient sein Gehör in diesen Tagen Schonung. Blockflöte und Geige sind durch ihre hohen Töne für ihn unangenehm, dazu wird die andere Musik noch auf volle Lautstärke gedreht, und das soll ihn dann nicht nervös machen?

Damit soll nicht allen Festlichkeiten und Vergnügen entsagt werden, aber unser Boxer braucht nicht nur irgendeine Ecke, sondern während eines solchen »Aufruhrs« muß er irgendwo anders in der Wohnung sein Domizil haben.

Bitte recht freundlich!

In der Familie wird seit Jahrzehnten fotografiert und seit langer Zeit gefilmt, und unser Boxer ist davon natürlich nicht ausgenommen. Seine vielfältige Ausdrucksweise ist unübertrefflich, und wie oft sagt man dann, das hätte man festhalten müssen.

Schöne Porträts als Erinnerungsfotos haben selbstverständlich immer etwas für sich. Der edle und ausdrucksvolle Kopf mit seiner dunklen Maske oder die elastische Gestalt machen den Hund unvergeßlich. Der junge Boxer in seiner Unbekümmertheit, der ausgewachsene Vierbeiner in seiner Positur als »Herrscher aller Reußen«, und der alte Hund als der überlegene Lebenserfahrene, so bleibt er immer im Gedächtnis. Ihn nach den Proportionen seines Boxer-Rassestandards ins Bild zu kriegen, haben schon Tausende versucht, gelungen ist es nur wenigen.
Am natürlichsten sieht er ohne Leine und Halsband aus, aber welcher Amateur bringt ihn da schon zum Stillhalten. Schnappschüsse sind auf alle Fälle immer noch die besten Fotos. Unbeobachtete Momentaufnahmen beim Spiel, vom Leben und Treiben. Diese Bilder sind es ja, die den Boxer mit beliebt und bekannt gemacht haben. Reine Kopf- oder Standbilder in einer Reihe oder Seite für Seite zu sehen, wirkt auf die Dauer langweilig, weil für den Laien eins wie das andere aussieht. Gerade mit dem Boxer sind die Möglichkeiten der Variation so groß, daß er geradezu herausfordert, im Moment geknipst oder gefilmt zu werden.

Hier sein Leben festzuhalten, wie er in der Familie aufgeht, ob mit Kindern oder im Auto, in seinem eleganten Sprung, ob hoch oder weit, in der freien Natur oder auch einmal im Wasser, das alles ist es, woran wir später mit viel Freude erinnert werden.

Viel Geduld gehört zum Fotografieren, und es wird noch mehr Material für ein einziges gutes Bild verbraucht als bei mancher Urlaubsreise. Mit dem Vorsatz: Jetzt fotografieren wir unseren Nicki, wird es meistens nicht gehen. Übrigens noch eines dazu, was jeder bald selbst merken wird: Mit Blitzlicht zu fotografieren, wird in den meisten Fällen schlecht, da in den Hundeaugen das Licht reflektiert und diese dann sehr unnatürlich aussehen.

Nicht wieder das Blitzlicht nehmen!

In der Jugend und im Alter

Als ob die gesamte Hundewelt nur aus Rüden bestünde, so sicher kommt die Antwort auf die Frage, ob ein Rüde oder eine Hündin gesucht wird. Man hört die absurdesten Anschauungen über eine Hündin, wenn man nur wagt, einem Neuling eine solche anzuraten.

»Wir wollen nicht züchten, und eine Hündin muß doch mindestens einmal werfen – nein, das können und wollen wir nicht.« Die Weisheit, die jahraus und jahrein immer irgendwo wieder gedruckt wird, daß eine Hündin nie ohne Nachwuchs auskommen könnte, ist so verbreitet wie das Amen in der Kirche.

Liebelei

Nun, Aufmerksamkeit und Sorgfältigkeit gehören schon dazu, daß eine Hündin die drei Wochen der Läufigkeit gut übersteht, aber Nachwuchs muß sie nicht haben, um gesund durchs Leben zu kommen.

Der Rüde aus Nachbars Garten verschafft sich ein Loch durch oder unter dem Zaun, vielleicht sitzt auch ein anderer stundenlang vor der Haustür. Es muß dem Halter bewußt sein, welche Möglichkeiten bevorstehen, wenn er während dieser Zeit seine Hündin nicht sorgsam beobachtet und vor dem Draufgängertum des männlichen Geschlechts schützt.

Kommt man zu spät zum Zusammensein, kann der Tierarzt jederzeit helfen. Er weiß allein, wann und wie man einem eingetretenen Übel abhelfen kann. Wir führen unseren Hund in dieser Zeit eben nur an der Leine aus, auch gibt es abwehrende Sprays. Außerdem kann der Tierarzt vorbeugend eingreifen.

In der Wohnung wird das Laken auf dem Lager häufiger gewechselt, denn unser Hund selbst ist sehr an ein sauberes Lager gewöhnt. Na, und wenn wirklich auf dem Teppich ein paar Flecken sind, so macht das auch keine große Mühe.

Darüber sollte man sich sowieso im klaren sein, wo ein Hund, auch der kurzhaarige Boxer, zu Hause ist, gibt's immer ein paar Haare im Teppich, in den Kleidern und auf dem Boden. Wen das stört, der sollte dann lieber keinen Hund halten. Aber schließlich läßt die Zivilisation den Menschen doch am Tisch und nicht am Boden essen. Mit der Hygiene sollte mancher besser bei sich selbst anfangen. Ein Tier ist von Natur aus sauber und putzt sich regelmäßig. Und das tun auch unsere Hunde und nicht nur Katzen und Vögel.

Auf seine alten Tage . . .

Die ganz besondere Liebe gehört dem alternden Hund. Das Wort vom Gnadenbrot, das er nun frißt, sollte man nicht gebrauchen, denn es ist keine Gnade, ihn zu behüten, weil er nicht mehr über eine hohe Wand springen kann, sondern es sollte Dankbarkeit sein, daß er uns ein Hundeleben lang ein treuer und zuverlässiger Begleiter und Schützer war, an dem wir zudem viel Freude hatten und der uns manche menschliche Sorge vergessen ließ.

Während der Welpe tolpatschig unsere Zuneigung erringt und der junge Hund später – ausgewachsen, mutig und anhänglich – unser Stolz ist, so rührt der grau gewordene Kämpe unser Herz. Sein ganzes Sinnen und Trachten ist ausschließlich auf seinen Herrn und sein Frauchen gerichtet. Dunkel blicken die Augen aus der ergrauten Maske, die Bewegungen werden langsamer, aber immer noch ist er stets gern bereit, uns zu begleiten, und wir werden unsere Schritte dem alten Kameraden mehr und mehr angleichen.

Er ist zufrieden, wenn er die Nähe des Menschen spürt, und man sollte ihn nicht mehr zuviel mit neuen Eindrücken belasten. Vielleicht verzichten wir sogar auf eine Urlaubsreise, damit er in seiner gewohnten Umgebung bleiben kann. Und wer seinen Boxer als Freund betrachtet, der so viele Jahre um ihn herum war, dem wird das nicht schwerfallen. Mit zunehmendem Alter muß man auch den Inhalt seiner Futterschüssel reduzieren, um ihn möglichst lange um sich zu haben. Es sind mehr die Krankheiten als eine Altersschwäche, die zum Tod führen, und der mögliche Fettansatz kann dazu wesentlich beitragen. Ihn also durch übermäßiges und unregelmäßiges Futter zu verwöhnen, ist nicht die richtige Art, ihm unsere Liebe zu beweisen. Unser Boxer wird viel ruhen, nicht schlafen, wie viele meinen, und das eine oder andere seiner Sinnesorgane lassen merklich nach. Ob sich ein Tier durch Schmerzen quält und ob es hiervon erlöst werden muß, kann nur ein Tierarzt entscheiden. Was der Verlust letzten Endes bedeutet, kann man mit Worten nicht erklären.

Viele Verordnungen verbieten das Begraben des Hundes an irgendwelchen Orten, dennoch hat hier und da ein Hund auf privatem Grundstück seine letzte Ruhe gefunden. Es gibt in einzelnen Orten in der Bundesrepublik auch Hundefriedhöfe, und in der Welt bekannt ist der Tierfriedhof in Paris. Auch private Krematorien sind verschiedentlich eingerichtet.

Die Lücke, die er hinterläßt, ist groß, und das beste Mittel ist, sich sofort einen Welpen, und damit neues Glück zu beschaffen. Aber eines darf man nie glauben, daß man mit der gleichen Rasse und der gleichen Farbe den verlorenen Freund wiederbekommt, denn jedes Tier ist anders und darf niemals mit dem vorhergehenden verglichen werden. So kommt ein neuer Boxer ins Haus und vertreibt mit seinen lustigen Streichen die Traurigkeit — aber niemals die Erinnerung.

Die Würde des Alters!

Magenfahrplan

Die wilden Ahnen unserer Hunde waren Fleischfresser. Nicht jeden Tag wird es ihnen gelungen sein, ein Beutetier zu erjagen. Bisweilen mußten sie mit Aas vorliebnehmen, wenn ihnen die Natur nicht gar einen Fastentag aufzwang. Fleisch war allerdings nicht ihre einzige Nahrung. Mit den Innereien ihrer meist pflanzenfressenden Opfer verzehrten sie auch Magen- und Darminhalt, also vorverdaute Pflanzenkost, und deckten so ihren Vitaminbedarf. Diese Freßgewohnheiten lassen die wichtigsten *Grundregeln* für die Hundeernährung erkennen: Ernährungsgrundlage ist rohes Fleisch. Aufgeschlossene Pflanzennahrung sowie Vitamine und Mineralstoffe müssen den Speiseplan ergänzen.

Diese Grundsätze sind eine ständige *Mahnung*, den Hund artgemäß zu ernähren. Das Tierschutzgesetz verpflichtet jeden Tierhalter, seinem Tier *angemessene, artgemäße Nahrung* zu gewähren. Der Hund darf also nicht als Resteverwerter mißbraucht oder in falsch verstandener Tierliebe mit Süßigkeiten gemästet werden. Der Weg zur Tierquälerei wäre nicht weit: Falsche Ernährung kann Fettsucht, innere Erkrankungen oder Hautkrankheiten und damit »länger dauernde oder sich wiederholende erhebliche Schmerzen oder Leiden verursachen«. Dies ist ein Verstoß gegen das Tierschutzgesetz! Wegen derart unsachgemäßer Ernährung hat, soweit bekannt, zwar noch kein vermeintlicher Tierfreund vor dem Richter gestanden, ein verständiger Hundehalter wird sich trotzdem stets bemühen, seinem Hund ausschließlich die ihm bekömmliche Nahrung anzubieten.

Am Anfang steht die Chemie: Kurzgefaßte Nährstoffkunde

Vor einer eingehenderen Betrachtung der einzelnen Nahrungsmittel soll kurz die Bedeutung der Nahrungs-Bausteine verdeutlicht werden.

An der falschen Quelle!

Fleisch enthält neben Geschmacksstoffen, Salzen und Vitaminen vor allem *Eiweiß*, welches der Hund zum Aufbau eigener Körpersubstanzen unbedingt benötigt. *Fette* dienen als Energielieferanten; zur Erhaltung der Gesundheit müssen ungesättigte Fettsäuren aufgenommen werden. Pflanzliche Nahrungsmittel enthalten neben der für Hunde unverdaulichen Zellulose pflanzliches Eiweiß, Vitamine und Mineralstoffe; wichtigster Bestandteil sind *Kohlehydrate* (Stärke, Zucker), die ebenfalls als Brennstoffe dienen. *Vitamine* sind bekanntlich Stoffe, die im Körper selbst nicht gebildet werden können, aber zur Aufrechterhaltung normaler Körperfunktionen wie Infektionsabwehr, Nervenfunktion, Blutgerinnung oder für Stoffwechselprozesse unerläßlich sind.

Mineralstoffe und *Spurenelemente* schließlich sind nicht nur zum Knochenaufbau erforderlich, sondern sind maßgeblich an vielen Stoffwechselvorgängen beteiligt.

Die kurze Aufzählung macht deutlich, daß alle genannten Nahrungsbestandteile für Wachstum und Gesundheit des Hundes unentbehrlich sind.

73

Die Speisekarte

Fleisch bildet die Ernährungsgrundlage:
Innereien wie Herz, Leberabschnitte, Milz, Nieren, Rinderpansen und Blättermagen sowie sogenanntes Maulfleisch, sonstige Fleischabschnitte und mit gewissen Einschränkungen Euter sind ein fast vollwertiger Ersatz für das teure Muskelfleisch. Weniger geeignet sind Lunge und Gebärmutter (»Trachten« oder »Schweineringel«). Fleisch soll nach Möglichkeit roh verfüttert werden. Dies entspricht am ehesten der artgemäßen Ernährungsweise.

Aus tierärztlicher Sicht ist der sogenannte *grüne Pansen* (roher, ungereinigter Rindervormagen) besonders wertvoll: Die anhaftenden Rinderfutterreste sind bereits teilweise aufgeschlossen und enthalten Vitamine, die teils aus dem Pflanzenfutter stammen, teils im Pansen durch Bakterien gebildet wurden. »Grüner Pansen« sollte daher nach Möglichkeit dem gereinigten und gebrühten »weißen Pansen« vorgezogen werden. Rohe *Leber* und rohe *Milz* haben eine abführende Wirkung, die bei hartem Stuhlgang ausgenutzt werden kann.

Futterfleisch erhalten Sie heute nicht nur in Hundefutterhandlungen, sondern auch in spezialisierten Zoogeschäften, in den Tiefkühltruhen vieler Supermärkte und in fast allen Schlachtereien.

Als Ergänzung des Eiweißangebotes sind auch grätenfreies *Fisch*fleisch, *Geflügel*innereien und Geflügelteile ohne Röhrenknochen, *Milch* und Milchprodukte sowie *Eier* geeignet. *Fisch* muß selbstverständlich frisch und unverdorben sein, um Erkrankungen (»Fischvergiftungen«) zu vermeiden. *Milch* enthält bekanntlich eine für das Wachstum besonders geeignete Nährstoffzusammensetzung, soll allerdings nur dem heranwachsenden Hund gegeben werden. Bis zum sechsten Monat kann er täglich eine mit Milch hergestellte Mahlzeit erhalten. Dann wird das Milchangebot durch immer stärkere Verdünnung eingeschränkt. Über ein Jahr alte Hunde erhalten keine Milch mehr, weil das Milchfett und der für Hunde unverdauliche Milchzucker den Darminhalt zu weich halten. Verdauungsstörungen und Hauterkrankungen sind die häufig beobachteten Folgen. *Käse* gehört grundsätzlich nicht in den Futternapf. Dagegen stellt *Magerquark* eine wertvolle Ergänzung des Eiweißangebotes dar (wenn der Quarkgeschmack dem Hund zusagt).

Gelegentlich kann Fleisch auch durch ein *Ei* ersetzt werden. Rohes Vollei führt bei manchen Hunden allerdings zu Durchfällen, während das Eigelb alleine stets gut vertragen wird. Durch Erhitzung werden Verdaulichkeit und Bekömmlichkeit des Hühnereiweißes erhöht. Geräuchertes oder Gewürztes schädigt auf die Dauer Verdauungsorgane und Nieren. Wurstpellen, insbesondere »Kunstdärme«, können akute Erkrankungen verursachen, z.B. einen Darmverschluß. Reste und Abfälle unserer Delikatessen gehören also nicht in den Hundenapf, sondern in den Mülleimer.

Als *Kohlehydratträger* bieten sich Haferflocken, Graupen und Reis an. Diese pflanzlichen Produkte müssen durch Kochen aufgeschlossen werden. Einfacher ist die Verfütterung von »Hundeflocken«, die aus einem Gemisch getoasteter und dadurch verdaulich gemachter Getreideerzeugnisse mit speziellen Beimengungen bestehen und erfahrungsgemäß allen Hunden gut bekommen. Ein Teil der pflanzlichen Nahrung sollte stets aus *Gemüse* bestehen. Ausnahmsweise können Reste unseres Mittagessens gemust und dem Futter beigemengt werden. Kartoffeln und Hülsenfrüchte sind allerdings zu meiden, da sie für Hunde sehr schwer verdaulich sind.

Die *Vitamin*versorgung kann natürlich nicht ausschließlich aus dem grünen Pansen gedeckt werden. Gehackte Kräuter wie Petersilie oder Kresse, geriebene Äpfel und Mohrrüben, Gemüsesäfte und Bananen sowie Lebertran, Weizenkeimöl und trockene Bierhefe können das Vitaminangebot vervollständigen. Eine sichere und individuelle Dosierung gestatten Vitaminpräparate, die der Tierarzt abgibt oder verschreibt. Besonders wichtig ist eine ausreichende Vitamin D-Versorgung zur Verhütung der Knochenweiche (Rachitis) während des Wachstums.

In dieser Zeit sollte auch ein *Mineralstoff*präparat zugefüttert werden, um den erhöhten Bedarf zu decken. Anstelle der für Vorbeuge und Behandlung des Menschen hergestellten Mittel können die billigeren »Futterkalk«-Präparate gewählt werden, die im allgemeinen auch die nötigen *Spurenelemente* enthalten.

Auch durch *Knochen* kann das Mineralstoffangebot ergänzt werden. Ihr Wert sollte jedoch nicht überschätzt werden. Sie sind schwer verdaulich und können wegen ihrer stopfenden Wirkung nur in begrenzten Mengen gegeben werden. Dagegen kann ihre Bedeutung für Gebißpflege und -reinigung nicht hoch genug eingeschätzt werden. Knochen, in erster Linie weiche Kalbsknochen, sollten daher vor allem dem jüngeren Hund regelmäßig angeboten werden. Harte Röhrenknochen, insbesondere vom Geflügel, können durch Knochensplitter Darmverletzungen verursachen, während Kotelettknochen sich in der Speiseröhre festsetzen können und daher gemieden werden müssen.

Zur Hundeernährung wird heute *Fertigfutter* in vielfältiger Auswahl angeboten:

Dosenfutter wird entweder nur aus tierischen Erzeugnissen oder aber unter Zusatz von stärkehaltigen Nährmitteln hergestellt. Reine »Fleisch«-Konserven können durch Zugabe von Flocken, Reis, Gemüse u. ä. gestreckt werden. Die Mischerzeugnisse haben bereits eine ausgewogene Nährstoffzusammensetzung, durch die Hitzesterilisation sind jedoch die Vitamine geschädigt. Deshalb sollte der Hund nicht ausschließlich mit Konserven gefüttert werden. Manche Hunde vertragen Dosenfutter erfahrungsgemäß schlecht und reagieren mit rötlich gefärbtem Durchfall. Dies ist besonders bei geschwächten Hunden und plötzlichen Futterumstellungen zu beobachten.

Paketfutter besteht entweder aus einem erhitzten, geformten Fleisch-Nährmittelgemisch oder aus einer Mischung von Trockenfleisch mit pflanzlichen Erzeugnissen unter Zusatz von Hefe, Mineralstoffen und Vitaminen. Auch diese Futtermittel enthalten ein ausgewogenes Eiweiß-Kohlehydrat-Fett-Verhältnis. Bei Verwendung als Alleinfutter kann allerdings ein Fehlen ungesättigter Fettsäuren zu Hautkrankheiten führen. Zu den keks- oder ringförmigen Produkten muß in einem Extranapf Wasser zur beliebigen Aufnahme angeboten werden. Die Fertigfuttermischungen werden mit warmem Wasser, mit ungesalzener Fleischbrühe oder bei Junghunden mit Milch zu einem Futterbrei angerührt. Sie werden allgemein gern gefressen und sind gut bekömmlich.

Hundekuchen werden aus pflanzlichen und tierischen »Mehlen« in verschiedenen Größen und Härtegraden hergestellt. Sie sollten in keinem Futterplan fehlen, da sie neben dem guten Nährstoffangebot zur Pflege der Zähne gute Dienste leisten. Bei Junghunden hat es sich bewährt, zur Förderung der nächtlichen Stubenreinheit abends Hundekuchen zu füttern.

Tischzeit

Voraussetzung einer gesunden Ernährung ist eine dem Alter angemessene Anzahl von Mahlzeiten und die Einhaltung fester Futterzeiten:
Bis zum Alter von *sechs Monaten,* also bis zum Abschluß des Zahnwechsels, erhält der Hund *drei Mahlzeiten,* und zwar morgens, mittags und am späten Nachmittag.
Bis zum Ende des Größenwachstums, also bis zum Alter von etwa *1 ¹/* Jahren, wird der Hund *zweimal täglich,* nämlich morgens und mittags, gefüttert.
Der *erwachsene Hund* soll *nur eine Mahlzeit* täglich erhalten. Als »Tischzeit« hat sich zum Zwecke einer geregelten Verdauung der späte Vormittag bewährt. »Nebenbei« wird in keinem Alter und zu keiner Zeit genascht!

Wasser!

Rezeptauswahl

Zunächst soll auf einige grundlegende Erkenntnisse der Wissenschaft hingewiesen werden:
Das Futter des *erwachsenen* Hundes soll zu mindestens *einem Drittel aus Eiweißträgern* bestehen. Je nach Qualität müssen *15–25 % Fleisch* enthalten sein, der Rest des Eiweißbedarfs kann aus anderen tierischen Erzeugnissen (Fisch, Milchprodukte, Eier) und teilweise auch aus pflanzlichem Eiweiß, z. B. aus Sojamehl, gedeckt werden.
Während des *Wachstums* muß das Futter mindestens zur Hälfte bis zu zwei Dritteln aus Fleisch und anderen Eiweißstoffen bestehen, während der *Trächtigkeit* sogar zu drei Vierteln.

Bei der *Leistungsfütterung* kann der erhöhte Energiebedarf durch Kohlehydrate und Fette gedeckt werden; der Anteil des verdaulichen Eiweißes kann auf 15 % gesenkt werden.
Für die Praxis müssen diese Werte als Mindestforderung angesehen werden, die keineswegs unter-, wohl aber überschritten werden dürfen. Die Industrie richtet sich nach diesen Erkenntnissen. Trockenfutter enthält ca. $^1/_4$ Eiweißstoffe. Dosenfutter hat einen höheren Fleischanteil. Fertigfutter ist im allgemeinen auf den Bedarf erwachsener Hunde abgestellt. Jedes Futtermittel muß übrigens mit Angaben über die Zusammensetzung gekennzeichnet sein, so daß der Käufer eine vergleichende Bewertung nach den genannten Anforderungen vornehmen kann.
Bei der Zusammenstellung *eigener Futterrezepte* dürfen die genannten Fleisch/Eiweiß-Anteile nicht unterschritten werden. Wenn der Geldbeutel es zuläßt, sollte der Anteil eiweißhaltiger Produkte erhöht werden. Dies führt möglicherweise zwar zu einem gewissen Luxuskonsum, gibt aber die beruhigende Sicherheit einer ausreichenden Eiweißversorgung.
Die Ernährung der *Welpen* kann getrost dem Züchter überlassen bleiben, der im allgemeinen über bewährte Rezepte verfügt. Nach dem Kauf sollte der *Junghund* zunächst einige Tage in der gewohnten Art weitergefüttert werden. Die Umstellung fällt ohnehin schwer und kann regelrecht auf den Magen schlagen. Nach der Eingewöhnung aber kann der Hund alsbald auf die Nahrung umgestellt werden, die unter den

häuslichen Verhältnissen am bequemsten ist. Dabei sind jedoch plötzliche, radikale Veränderungen zu vermeiden und die unterschiedlichen Hundegeschmäcker zu berücksichtigen. Selbst zusammengestelltes Futter soll mindestens zur Hälfte, besser zu zwei Dritteln aus Fleisch und anderen Eiweißträgern bestehen. Den Rest bilden Nährmittel und Gemüse, Kräuter, Säfte, Vitamintropfen und Mineralstoffe. Mischfertigfutter sind durch zusätzliches Eiweißangebot zu ergänzen.

Der *erwachsene Hund* kommt mit etwas weniger Fleisch aus. Rohfaserhaltige pflanzliche Nährmittel haben einen besonderen Sättigungswert und regen die Darmtätigkeit an. Überwiegend pflanzliche Ernährung führt jedoch zu einem erhöhten Mineralstoffverbrauch, der durch entsprechende Zufütterung ausgeglichen werden muß.

Der *alternde Hund* hat bei geringem Energiebedarf einen herabgesetzten Stoffwechsel und kann die angebotene Nahrung im allgemeinen schlechter verdauen. Der Eiweiß-, Mineralstoff- und Vitamingehalt muß daher wieder erhöht werden: Das Futter soll überwiegend aus Fleisch bestehen, keine schwer verdaulichen pflanzlichen Bestandteile enthalten und bei nachlassender Verdauungstätigkeit auf zwei kleinere Mahlzeiten verteilt werden.

Die Frage *Eigenfutter* oder *Fertigfutter* läßt sich je nach den häuslichen Gegebenheiten unterschiedlich beantworten, ohne daß Mängel zu befürchten sind. Wissenschaftlich gesehen kann der Hund ohne weiteres dauernd mit dem gleichen, optimal zusammengesetzten Futter ernährt werden. Er braucht also keine Geschmacksabwechslung. Wir können aber in der Praxis bei keinem Futter ganz sicher sein, daß alle erforderlichen Stoffe enthalten sind. Deshalb sollte auf *Vielseitigkeit* Wert gelegt werden, wobei sowohl selbst bereitetes als auch fertiges Futter als Haupternährungsgrundlage gewählt werden kann.

Rohes Fleisch sollte jedoch in keinem Futterplan ganz fehlen. Wenigstens ein- oder zweimal wöchentlich kann man von seinen Einkaufsgängen Futterfleisch mitbringen. Da der Hund sein Fressen nicht kaut, sondern schlingt, wird das Fleisch in maulgerechte Happen geschnitten und vor dem Füttern durch kurzes Brühen erwärmt, wobei es innen roh bleibt. Der besonders wertvolle grüne Pansen neigt naturgemäß zu rascher Verderbnis und damit zu Geruchsentwicklungen und sollte daher frisch verfüttert werden. Dies gilt besonders für Etagenwohnungen zur Erhaltung des nachbarschaftlichen Friedens. Wer dagegen nachbarlichen Einspruch nicht zu befürchten hat, kann den Pansen ohne Bedenken etwas länger aufbewahren und seinem Hund wenigstens ab und zu das Vergnügen gönnen, ein großes Stück nach Urväterart zu zerzausen; diese natürliche Freßweise ist eine ausgezeichnete kräftigende Gymnastik für Muskeln und Gebiß.

Zur *Aufbewahrung* von Futterfleisch hat sich die Gefriertruhe besonders gut bewährt; das geschnittene Fleisch wird portionsweise in Frischhaltefolie verpackt und in einem zusätzlich verschließbaren Plastikbeutel eingefroren. Wer keine Tiefkühltruhe besitzt, sollte den nicht frisch und roh verfütterten Teil des Fleisches durch Kochen und anschließende Kühllagerung für zwei bis drei Tage haltbar machen. Auf den grünen Pansen muß dabei wegen der Wohlgerüche, die sich bei der Erhitzung verbreiten würden, verzichtet werden; die wertvollen Inhaltsstoffe würden durch das Kochen ohnehin geschädigt.

Die Fleischgrundlage kann gelegentlich auch aus *Trockenfleisch* bestehen, welches mehrere Stunden eingeweicht werden muß. Zusätzlich zu den verschiedenen »Fleisch«-Sorten sollten von Zeit zu Zeit auch andere Eiweißträger wie Fisch, Quark oder Ei angeboten werden, damit der Hund alle erforderlichen Eiweißstoffe erhält.

Als pflanzliches Futter sind *Futterflocken* besonders zu empfehlen, weil sie sehr vielseitig zusammengesetzt sind und ohne Kochen verdaut werden können. Mit dem angebrühten Fleisch und etwas Wasser vermischt, ergeben sie auf einfache Weise eine bekömmliche und gut zusammengesetzte Mahlzeit. Haferflocken, Graupen oder Reis müssen dagegen gekocht werden. *Gemüse* sollte mit einer Gabel zerdrückt, *Rohkost* muß fein zerkleinert werden.

Die Eigenproduktion wird in dem Maße, wie die häuslichen Verhältnisse es erfordern und der Gaumen des Hundes es zuläßt, mit *Fertigfutter* der verschiedenen Arten ergänzt. Dieses Futter ist für lange Wochenenden, als Notvorrat und auf Reisen besonders gut geeignet. Der Hund sollte also in jedem Fall daran gewöhnt werden.

Der Futterplan wird durch Hundekuchen sowie die erforderlichen Vitamin- und Mineralstoffgaben vervollständigt. Auf diese Weise ergibt sich bald ein eigenes, auf Haus, Hund und Geldbeutel abgestelltes Spezialrezept, bei dem sich's für den Hund gut leben läßt.

Kalorien für Dicke und Dünne

Auch über die jeweils erforderliche *Futtermenge* liegen wissenschaftlich gesicherte Erkenntnisse vor: Man unterscheidet zwischen *Erhaltungs-* und *Leistungsbedarf.* Kleine Hunde benötigen pro kg Körpergewicht zur Erhaltung mehr Futter als größere. Der Bedarf schwankt zwischen 65 g und 30 g Feuchtfutter pro kg Körpergewicht. Für einen erwachsenen *Boxer* von ca. 30 kg ist zur Erhaltung eine Tagesfuttermenge von 420 g Trockenfutter oder ca. 1400 g Feuchtfutter erforderlich. Der *Leistungsbedarf* für Wachstum, Bewegung, Trächtigkeit usw. ist nicht exakt meßbar. Er beträgt bei Dauerarbeit bis zum Vierfachen des Erhaltungsbedarfes. Für das Wachstum (ohne die Bewegungsenergie des Junghundes) ist zunächst etwa das doppelte, von der Hälfte des rassespezifischen Endgewichtes an etwa das 1,5 fache des Erhaltungsbedarfes erforderlich.

Es ist leicht einzusehen, daß die genannten Werte für die Praxis nur grobe Anhaltspunkte bieten können. Im Einzelfall können nicht alle ernährungsbestimmenden Faktoren voll erfaßt werden.

Ich, und zu fett?

Neben körperlichen Leistungen, Wachstum, Alter, Größe und Gewicht spielt die individuelle Veranlagung eine wesentliche Rolle. Bekanntlich hat man bei Nutztieren zur Mast besonders geeignete Rassen herausgezüchtet. Auch beim Menschen gibt es starke Esser, die schlank bleiben und (seltener) Dicke, die wenig Essen. Dies hängt unter anderem mit der Funktion der Schilddrüse und der Verdauungsorgane zusammen. Ebenso gibt es beim Hund natürlicherweise gute und schlechte Futterverwerter. Auch Umwelt- und Haltungsbedingungen beeinflussen den Nährstoffbedarf: So besteht im Winter ein erhöhter Energiebedarf zur Erhaltung der Körperwärme. Schließlich ist es kaum möglich, die exakte Berechnungsgrundlage des Nährstoffbedarfes, den Brennwert des Futters, zu bestimmen, wie dies bei Diätplänen für den Menschen gemacht wird.

All diese Unwägbarkeiten verdeutlichen, daß man sich nicht sklavisch an bestimmte Mengenangaben halten darf. Besser als die Briefwaage ist allemal das Fingerspitzengefühl bei der Zuteilung der Ration. Bei einem mageren Hund kann man unbedenklich etwas Futter zulegen; zeigt sich dagegen Rippenspeck, muß Futter abgezogen werden. Vor allem erhält der Hund nur das, was er zu der betreffenden Mahlzeit frißt, denn auch bei Hunden werden im allgemeinen starke Fresser nicht geboren, sondern erzogen. Den gefüllten Napf läßt man höchstens eine halbe Stunde stehen. Dann etwa noch vorhandene Reste gehören mit Ausnahme nicht verunreinigten Trockenfutters in den Mülleimer. Bei älteren und bei zur Fettleibigkeit neigenden Hunden hat sich die Einlegung eines Fastentages pro Woche bewährt, an dem der Hund ausschließlich Wasser erhält.

Durst ist nicht schlimmer als Heimweh

Das *Trinken* gehört beim Menschen bekanntlich zum Essen. Anders beim Hund: bei normal feuchter Nahrung trinkt er kaum. Nur bei besonderer Wärme, nach Anstrengungen, zum Trockenfutter und bei altersbedingtem Nachlassen der Nierenfunktion muß der Hund zusätzlich Wasser aufnehmen. Auf jeden Fall trinkt er nur soviel wie er braucht und entwickelt sich nicht zum Gewohnheitstrinker. In einem

sauberen Extranapf soll daher ständig frisches, verschlagenes (nie eis-
kaltes) Wasser zur beliebigen Aufnahme angeboten werden, damit der
Hund die tatsächlich benötigte Flüssigkeitsmenge aufnehmen kann.

Kurz und gut

Hundenahrung ist also keine Geheimwissenschaft! Wenn man
- die Eigenschaften der verschiedenen Futtermittel berücksichtigt,
- die Anzahl der Mahlzeiten und die Futterzeiten einhält,
- das Futter wenigstens nach den wissenschaftlichen Mindestanfor-
  derungen zusammensetzt, besser aber etwas Fleisch zulegt,
- dabei aus der Vielzahl der Möglichkeiten gezielt das für die häuslichen Verhältnisse günstigste auswählt,
- den Hund nicht einseitig ernährt, sondern für Abwechslung sorgt,
- erforderlichenfalls Vitamine und Mineralstoffe zufüttert,
- die Futtermenge mit Gefühl zuteilt und zudem ausreichend Wasser anbietet,

dann kann man sicher sein, durch eine artgerechte Ernährung die
Grundlage für Wohlbefinden und Gesundheit seines Hundes gelegt zu
haben.

Der Medizinmann spricht

In der gebotenen Kürze kann nur das wichtigste über Vorbeuge, erste Hilfe und medizinische Zusammenhänge abgehandelt werden. Vollständigkeit und Patentrezepte würden ohnehin eher verwirren und schaden als aufklären und helfen. Praktische Nutzanwendung verspricht die altbewährte Regel:

Vorbeugen ist besser als Heilen

Fundamente der Krankheitsverhütung sind artgemäße *Haltung* und gesunde, ausgewogene *Ernährung*, die bereits eingehend erörtert wurden. Wenden wir uns also speziellen Vorbeugemaßnahmen zu.

Die *Ohren* sollten zur Verhütung von Entzündungen (»Ohrenzwang«) regelmäßig gereinigt werden: Der äußere Gehörgang wird mit Kinderöl oder einem speziellen Reinigungsmittel gefüllt, durch Zusammendrücken der Ohrmuschel verschlossen, durchmassiert und mit Watte oder Wattestäbchen ausgewischt. Das Trommelfell kann (da der Gehörgang vorher nach innen abknickt) nicht verletzt werden, wenn man nur senkrecht in die Tiefe geht. Gesunde Ohren brauchen nur bei Bedarf, empfindliche sollten dagegen etwa alle vier Wochen so behandelt werden. Dunkle Färbung und übel-muffiger Geruch des zutage kommenden Ohrenschmalzes deuten auf eine Entzündung hin, die vom Tierarzt je nach festgestellter Ursache behandelt werden muß. Verbreitet sind Entzündungen durch Ohrmilben, die in den Gehörgängen schmarotzen und dabei die Haut reizen und verletzen.

Der in den inneren *Augen*winkeln besonders nach dem Schlaf anzutreffende Schleim wird mit einem Stückchen Mullbinde oder einem Leinenläppchen entfernt, nicht jedoch mit Watte oder Papiertaschentüchern, deren Fusseln die Schleimhäute reizen. Bindehautentzündungen können auch durch Zugluft, besonders durch Ausgucken aus dem

fahrenden Auto verursacht werden. Zur Linderung sollten frühzeitig unspezifische Augentropfen oder Salben in die heruntergezogenen Bindehautsäcke eingebracht werden. Borwasser kann Reizungen verursachen und wird daher heute nicht mehr angewendet. Eitrige oder länger dauernde Entzündungen sind ein Fall für den Tierarzt. Bei gleichzeitig gestörtem Allgemeinbefinden (Appetitlosigkeit, Fieber) kann eine Infektion wie die Staupe vorliegen. Häufig bilden sich auf der Rückseite des dritten Augenlides, der Nickhaut, himbeerartige, entzündliche Wucherungen, die meistens operativ entfernt werden müssen.

Zur Pflege der *Zähne* genügen im allgemeinen Hundekuchen und Knochen. Sie machen spezielle Reinigungspulver, die den Hund zum Zähneputzen mit der Zunge veranlassen sollen, meist überflüssig. Bei Neigung zu Zahnsteinbildung können die Zähne ein- bis zweimal wöchentlich mit einem Wattebausch abgerieben werden, der mit 3%-iger Wasserstoffsuperoxyd-Lösung getränkt wird. *Zahnstein* ist ein meist fest anhaftender Belag aus Salzen und Speiseresten, der besonders beim älteren Hund Entzündungen mit aasartig-fauligem Mundgeruch

85

verursacht und ohne Behandlung zu Vereiterungen der Zahnwurzeln und zu Zahnausfall führen kann. Solche Eiterherde können den ganzen Körper vergiften. Zahnstein sollte daher rechtzeitig entfernt werden; häufig ist zu diesem Zweck eine Beruhigung oder Betäubung erforderlich, so daß ein Tierarzt aufgesucht werden muß. Lose und vereiterte Zähne müssen gezogen werden. Da der Hund keine Beute jagen, festhalten oder zerreißen muß, sondern sein maulgerecht vorbereitetes Futter verschlingt, kann er auf schmerzende Zähne gut verzichten und wird sich nach der Entfernung von Eiterherden auch allgemein bald wohler fühlen. *Milch-Hakenzähne*, die beim Zahnwechsel nicht ausfallen, müssen gezogen werden, da sie zu Stellungsfehlern im bleibenden Gebiß führen können.

Rutschen auf dem Hinterteil ist meistens nicht auf Würmer, sondern auf Erkrankungen der *Analbeutel* zurückzuführen. Diese »Duftdrüsen« dienen eigentlich zur Revierkennzeichnung. Infolge der Domestikation funktioniert die Entleerung häufig nicht mehr richtig. Sekretstauungen und Entzündungen mit starkem Juckreiz sind die Folge. Diesen Juckreiz versucht der Hund erfolglos durch »Schlittenfahren« und Knabbern an Hinterläufen und Schwanzwurzel zu beheben. Abhilfe kann nur ein sachgerechtes Ausdrücken der Analbeutel schaffen: Bei senkrecht hochgehaltener Rute wird beiderseits des hervortretenden Afters Druck auf den Enddarm zu ausgeübt; zum Auffangen des austretenden, stinkenden Sekretes muß dabei Watte oder Papier vor den After gehalten werden. Bei tiefliegenden oder stark entzündeten Drüsen ist eine tierärztliche Lokalbehandlung erforderlich.

Normaler Auslauf macht ein Schneiden der *Krallen* überflüssig. Nur bei weichem Boden, bei krankhaftem Hornwachstum und bei Stellungsfehlern ist ein Kürzen erforderlich. Dies sollte erfahrenen Personen überlassen bleiben, weil das in der Kralle verlaufende Blutgefäß nach Möglichkeit nicht angeschnitten werden soll und widrigenfalls verschorft werden muß. Gelegentlich vorkommende »Wolfskrallen« (Überbleibsel der an sich verkümmerten fünften Zehe an den Hinterläufen) sollten vorsorglich operativ entfernt werden, da sie zu stark blutenden Verletzungen führen können.

Besondere Vorsorge ist der Parasitenfreiheit zu widmen. *Ektoparasiten* schmarotzen auf der Haut. Neben den bereits erwähnten *Ohrmilben* sind *Hundeflöhe* und *Läuse* häufige, unerwünschte Gäste im Fell. Bei Juckreiz müssen daher als erstes Fell und Haut auf Flohstiche und Parasitenkot (schwarze Pünktchen an den Haaren) abgesucht werden. Lieblingssitze von Flöhen und Läusen sind die Innenflächen der Hinterschenkel, die »Achselhöhlen« und die Ohrmuscheln. Zur Abtötung der Parasiten können Puder, Sprays oder Waschlösungen (am wirksamsten) angewandt werden. Die Gebrauchsanweisungen müssen genau beachtet werden, da das Ablecken der Mittel zu Vergiftungen führen kann. Für etwa drei Monate kann der Hund auch durch moderne Anti-Ungeziefer-Halsbänder gegen Parasiten geschützt werden. Im Wald und auf der Heide machen sich *Zecken* an den Hund heran. Sie beißen sich in der Haut fest und saugen erhebliche Blutmengen, so daß sie schließlich wie ein prallgefüllter, bis zu kirschkern-großer, brauner Sack aussehen. Diese »Holzböcke« dürfen nicht einfach abgerissen werden, weil dann die Beißwerkzeuge in der Haut stecken bleiben und Entzündungen verursachen können. Man betäubt sie mit Äther oder Alkohol oder hüllt sie ca. 10 Minuten in Öl ein, dann werden sie mit vorsichtig drehendem Zug aus der Haut entfernt.

Was heißt hier Flöhe?

Endoparasiten sind Darmschmarotzer, insbesondere Würmer. Fast alle Welpen werden schon im Mutterleib mit *Spulwürmern* infiziert. Sie sollten daher bei Abgabe durch den Züchter bereits Wurmkuren hinter sich haben. Spulwürmer können bei Junghunden zu Verdauungs- und Entwicklungsstörungen und zu Vergiftungen führen. Vorsichtshalber können daher Wurmkuren mit drei, sechs und zwölf Monaten wiederholt werden. Vertrauen Sie dabei den wirksamen, verschreibungspflichtigen Mitteln; rohe Möhren alleine können keine Wurmfreiheit garantieren. Ältere Hunde beherbergen im allgemeinen nur noch vereinzelte oder gar keine Spulwürmer mehr, da sie Abwehrstoffe gebildet haben. Für chronische Verdauungsbeschwerden, wie regelmäßig wiederkehrender oder unstillbarer Durchfall, können andere Darmschmarotzer – Kokzidien (einzellige Schleimhautparasiten), Hakenwürmer oder Peitschenwürmer – verantwortlich sein. Eine Kotuntersuchung kann näheren Aufschluß geben; die Behandlung muß nach tierärztlicher Verordnung erfolgen.

Kürbiskernförmige, anfangs noch bewegliche Gebilde im Stuhl sind Glieder des *Hundebandwurmes*. Bandwürmer brauchen für ihre Entwicklung einen Zwischenwirt. Für den Hundebandwurm ist dies der Hundefloh, der die Bandwurmeier aufnimmt. Im Floh entwickelt sich die Finne, die beim »Flohknacken« vom Hund aufgenommen wird und zum fertigen Bandwurm auswächst. Im Zuge der tierärztlich verordneten Bandwurmkur müssen Hund und Lager daher auch gegen Ektoparasiten behandelt werden. Besonders bei Jagdhunden kann außerdem der gesägte Bandwurm auftreten, dessen Zwischenwirte Hasen und Kaninchen sind. Andere Bandwurmarten, die durch Fisch, Rinder- und Schafeingeweide oder Mäuse und Ratten übertragen werden, kommen seltener vor.

Zur Vorbeuge gehören Impfungen gegen die wichtigsten Infektionskrankheiten der Hunde, die *Staupe,* die ansteckende *Leberentzündung* und die *Stuttgarter Hundeseuche.* Staupe und ansteckende Leberentzündung sind Viruserkrankungen, die zwar für Junghunde besonders gefährlich sind, aber auch ältere Hunde befallen. Die früher übliche einmalige Impfung der Junghunde ist heute nicht mehr ausreichend. Da die Krankheiten seltener geworden sind, fehlt der häufige Kontakt mit den Erregern und damit die natürliche Auffrischung des Impfschutzes.

Meine Verdauung
ist in Ordnung.

Zur Erhaltung eines belastungsfähigen, das heißt ausreichend hohen
Schutzes muß daher nach der zweimaligen Grundimmunisierung im
Welpenalter alle zwei Jahre eine Auffrischungsimpfung durchgeführt
werden. Die *Stuttgarter Hundeseuche* ist eine durch Bakterien (Lepto-
spiren) bedingte und von Hund zu Hund übertragene Infektion. Die
meisten Impfstoffe schützen gleichzeitig gegen den Erreger der auch für
Menschen gefährlichen Weil'schen Krankheit, die durch Mäuse- und
Rattenharn übertragen wird. Gegen diese Erkrankung sind jährliche
Wiederholungsimpfungen erforderlich. Auf die Bedeutung der Tollwut-
impfung wird später eingegangen.

Eine Hausapotheke für den Hund

Für Verhütung und Behandlung banaler Wehwehchen, mit denen auch
wir nicht gleich zum Arzt laufen würden, sollten einige Instrumente
und Medikamente bereit gehalten werden.

Die kleine Hausapotheke für die erste Hilfe besteht aus Fieberthermometer, gebogener Schere, Jodtinktur, Wundgel, Heilsalbe, Kinderöl oder Ohrreinigungsmittel, Kohlekompretten, Augentropfen, 3 %igem Wasserstoffsuperoxyd, Watte, Wattestäbchen, Mullbinden, Kochsalz sowie Vitamin- und Mineralstoffpräparaten.

Wichtigstes Instrument ist das *Fieberthermometer,* um fieberhafte Krankheiten von weniger gefährlichen Störungen unterscheiden zu können. Die Hundenase ist hierzu kein geeignetes Meßinstrument; sie kann auch beim gesunden Hund bisweilen warm und trocken und bei schwerer Erkrankung feuchtkalt sein. Die innere Körpertemperatur des Hundes wird drei bis fünf Minuten im Mastdarm gemessen und beträgt 37,5 bis 39,0° C. Bei kurzzeitig erhöhten Temperaturen bis 39,3° C kann zunächst noch abgewartet werden, steigt die Quecksilbersäule höher, so liegt der Fall ernsthafter und bedarf tierärztlicher Behandlung.

Erkältungen

Dies wird bei den meisten Erkältungskrankheiten der Fall sein. Ein hustenähnliches Krächzen (als ob ein Knochen im Hals säße) deutet meistens auf eine Mandelentzündung hin, die nur im Anfangsstadium mit Mitteln der Hausapotheke behandelt werden kann: Im Hals-Kehlgangsbereich wird feuchte Wärme durch Prießnitz'sche Umschläge oder Unterhalten einer in ein Tuch eingeschlagenen, zermusten, heißen Kartoffel zugeführt; anschließend muß ein Wärmeverlust durch Anlegen eines Wollschales verhindert werden.

Verdauung

Verdauungsstörungen lassen sich häufig durch Diät-Maßnahmen beheben. Bei hartem Stuhl können rohe Leber oder Milz oder ein bis drei Teelöffel 10 %ige Dosenmilch als milde Abführmittel gegeben werden. Bei reichlicher Knochenfütterung kann der Knochenschrot im Mastdarm eine so hartnäckige *Verstopfung* verursachen, daß auch stärkste Abführmittel nicht helfen, sondern Einläufe unter tierärztlicher Kontrolle er-

Nach dem Fressen sollst Du ruhn . . .

forderlich werden. *Durchfall* ohne Fieber ist häufig durch einen Fastentag zu bessern, an dem der Hund ausschließlich verdünnten schwarzen
oder Pfefferminztee mit einer kleinen Prise Salz erhält. Keinesfalls darf
versucht werden, Durchfall durch Wasserentzug zu behandeln, da der

. . . oder 1000 Schritte tun!

Körper infolge des Flüssigkeitsverlustes austrocknen würde. Eine weitere Normalisierung des Stuhlganges kann durch mehrmalige Fütterung kleiner Mengen eines Futterbreis aus Beefsteakhack, Schmelzflokken und rohem geriebenem Apfel mit 1–2 Kohle-Compretten erreicht werden. Das beim Menschen so bewährte Mexaform darf beim Hund nicht angewandt werden, da es unstillbare Nierenblutungen verursachen kann. Wenn ein Durchfall in zwei bis drei Tagen nicht deutlich gebessert wird oder von Fieber begleitet ist, muß der Hund in tierärztliche Behandlung. *Erbrechen* ist keine selbständige Krankheit, sondern kann verschiedene Ursachen haben. Gelegentliches Erbrechen ist beim Hund ohne große Bedeutung. Bei Fieber sowie regelmäßig wiederkehrendem oder heftigem Brechreiz können Infektionen, Vergiftungen oder schwerere Verdauungsstörungen vorliegen, die tierärztlich unterschieden und behandelt werden müssen.

Scheinschwangerschaft

Bei der Scheinschwangerschaft bilden sich manche Hündinnen etwa acht Wochen nach der Läufigkeit ein, Welpen zu haben: Sie werden unruhig, »bemuttern« irgendwelche Gegenstände und in das Gesäuge schießt Milch ein. Abhilfe schaffen meist wenig Fressen und Trinken bei viel Bewegung und Beschäftigung. Zusätzlich kann das Gesäuge mehrmals täglich mit kaltem Wasser befeuchtet werden, um Schwellung und Milchproduktion zu hemmen. Keineswegs sollte Milch ausgedrückt werden, um die Milchbildung nicht anzuregen. Die genannten Maßnahmen sollten schon beim ersten Auftreten der Erscheinungen ergriffen werden und in etwa zwei Wochen zum Erfolg führen.

Hautverletzungen

Bei oberflächlichen Hautverletzungen werden in der Umgebung die Haare mit einer gebogenen Schere abgeschnitten. Sie verkleben sonst mit dem Wundsekret und verursachen Eiterungen. Die Abschürfungen werden anschließend nach alter Art mit Jodtinktur betupft oder mit einem Wundgel bestrichen. Puder bildet mit dem Wundsekret Krusten, welche die Heilung beeinträchtigen. Bei Durchtrennung der Haut sollte umgehend tierärztlicher Rat eingeholt werden, da eine möglicherweise erforderliche Wundnaht später nicht mehr ohne weiteres angelegt werden kann. Bei Beißereien und Stacheldrahtverletzungen wird häufig die Haut vom Körper abgerissen, so daß tiefe Taschen entstehen, die sachgerecht versorgt werden müssen. Verletzungen können bis zur endgültigen tierärztlichen Versorgung mit einem Notverband (ggf. saubere Unterhose o. ä.) ohne Puder oder Salbe vor Verunreinigungen geschützt werden. Das Belecken von Wunden sollte übrigens verhindert werden, da die Heilung nicht gefördert, sondern durch die rauhe Zungenoberfläche behindert wird.

Schwellungen, Prellungen, Verstauchungen

Bei Schwellungen, Prellungen und Verstauchungen kann als Erste Hilfe das Fell des betroffenen Körperteils mit kaltem Wasser durchnäßt werden. Man erreicht so die Wirkung eines Kühlverbandes, hemmt weitere Schwellungen und Spannungen und lindert den Schmerz, so daß in leichteren Fällen tierärztliche Hilfe entbehrlich werden kann. Bei *Unfällen* können Gliedmaßen mit stark blutenden Wunden vorübergehend abgebunden werden. Gehirnerschütterungen und innere Verletzungen können zu Bewußtseinstrübungen führen. Der Hund sollte dann ebenso wie bei Verdacht auf Knochebrüche seitlich mit tiefliegendem Kopf und herausgezogener Zunge auf einer Decke gelagert werden. Die Decke kann als »Tragbahre« benutzt werden und gestattet einen schonenden Transport. Eine gründliche Untersuchung und Hilfe kann im allgemeinen nur in der tierärztlichen Praxis gewährt werden.

Vergiftungen

Bei Verdacht auf Giftaufnahme sollte durch Eingabe eines gestrichenen bis gehäuften Teelöffels Salz umgehend Erbrechen ausgelöst werden, ehe weitere Giftstoffe aus dem Verdauungskanal in den Körper übergehen können. Milch ist nur bei wenigen Giften angezeigt, dagegen können durch Eingabe größerer Mengen Kohleaufschwemmung verschiedenartige Giftreste neutralisiert werden. Bei einigen Giften treten Krankheitserscheinungen erst nach Stunden oder Tagen auf. Wenn Aufnahme und Giftart bekannt sind, kann schon vorher mit wesentlich besseren Erfolgsaussichten eine gezielte Behandlung eingeleitet werden, z. B. nach der häufigen Aufnahme cumarinhaltigen Rattengiftes.

Im Rahmen dieses Buches ist es unmöglich, eine einigermaßen vollständige Übersicht über Ursachen, Eigenart und Behandlung von Hundekrankheiten zu geben. Selbst die praktischen Hinweise auf Vorbeuge, Hausmittel und erste Hilfe müssen sich auf das Wichtigste beschränken und sollen gleichzeitig die Grenzen eigener Behandlungsmöglichkeiten aufzeigen. Eine für die Hundehaltung grundlegende und eventuell entscheidende Frage soll jedoch noch ausführlicher erörtert werden.

94 *Patient sucht Mitleid.*

Hundekrankheiten – Gefahr für die menschliche Gesundheit?

Einige *Infektionskrankheiten* können vom Hund auf Menschen übertragen werden. Die gefährlichste ist die *Tollwut*: Bei einer Bißverlet-
zung durch ein tollwütiges Tier besteht für den Menschen auch bei um-
gehender Impfung Lebensgefahr. Bei Hunden tritt Tollwut allerdings
nur noch selten auf. Die Seuche hat sich aus den Städten (Hunde und
Katzen) mehr in die Wälder (Wild) verlagert, wo in erster Linie Füchse
die Tollwut übertragen. Bei Hundetollwut besteht wegen des engen
Kontaktes jedoch für den Menschen eine erheblich größere Anstek-
kungsgefahr als bei Wildtollwut. Hunde können vorübergehend gegen
Tollwut schutzgeimpft werden. Die *Impfungen* müssen je nach Impf-
stoff in ein- bis zweijährigem Abstand wiederholt werden, damit die
Hunde einen belastungsfähigen Impfschutz behalten und weder erkran-
ken noch den Erreger übertragen können. Nach einem Kontakt mit
tollwutkranken Tieren kann für geimpfte Hunde anstelle der sonst ge-
setzlich vorgeschriebenen Tötung ausnahmsweise eine Quarantäne gestattet werden. Tollwutimpfungen sind für viele Auslandsreisen und
manche Hundeausstellungen vorgeschrieben. Die modernen Impstoffe
sind für Hunde außerordentlich gut verträglich. Es besteht also kein
Anlaß, auf die beschriebenen Vorteile und insbesondere auf den Schutz
des Menschen vor unnötigen Ansteckungsgefahren zu verzichten.

Während Staupe und ansteckende Leberentzündung für Menschen un-
gefährlich sind, können *Leptospiren* durch Hunde übertragen werden
und beim Menschen entweder das »Canicola Fieber« (beim Hund Stuttgarter Hundeseuche) oder die »Weil'sche Krankheit« hervorrufen.
Jährliche Impfungen schalten eine weitere Infektionsquelle für die Familie aus.

Für die Übertragung der *Toxoplasmose*, einer besonders für schwangere
Frauen gefährlichen Infektionskrankheit, wurde der Hund früher zu
Unrecht verantwortlich gemacht. Toxoplasmen sind einzellige Schma-
rotzer, deren spezifischer Wirt die Katze ist. Sie scheidet den Erreger

aus, der dann entweder bei mangelhafter Hygiene vom Menschen direkt oder aber von anderen Tieren aufgenommen wird. Im Fleisch dieser Tiere bilden sich Dauerformen, die ebenfalls ansteckungsfähig sind. Hauptansteckungsquelle für den Menschen ist rohes Schweinefleisch. Der Hund ist nach diesen neueren wissenschaftlichen Erkenntnissen wie der Mensch Opfer, nicht aber Überträger der Toxoplasmose.

Pilzinfektionen der Haut können auf den Menschen übergehen. Bei schlecht heilenden oder sich ausbreitenden Ekzemen ist daher auf größtmögliche Hygiene zu achten und eine eingehende tierärztliche Untersuchung zu veranlassen. *Räude* wird durch Milben hervorgerufen, die sich zwar auf bestimmte Tierarten, wie den Hund, spezialisiert haben, jedoch auch beim Menschen plötzlich auftretende, juckende Hautrötungen verursachen können. *Eitererreger* bei Ekzemen, Furunkeln, Vorhautentzündungen, Zahnvereiterungen oder Mandelentzündungen können auch beim Menschen Eiterungen verursachen. Betreffende Krankheiten müssen daher bei Beachtung häuslicher Allgemeinhygiene sachgerecht behandelt werden.

Auch bestimmte *Darmkrankheiten* wie Salmonellen können beim Menschen wie beim Hund zu Durchfällen führen. Bei länger dauernden, trotz gezielter Behandlung nicht ausheilenden Durchfällen sollte eine Kotuntersuchung Aufschluß über etwa vorliegende Keime geben.

Spulwürmer sind auf bestimmte Wirte spezialisiert. Unter unhygienischen Verhältnissen vom Menschen aufgenommene Hundespulwurmeier können sich in dem für sie fremden Wirt nicht normal entwickeln. Die Wurmlarven bleiben in Organen oder Muskeln stecken und lösen Entzündungen und Schmerzen aus. Besonders gefährdet sind verständlicherweise Kleinkinder. Das Risiko wird durch regelmäßige Wurmkuren bei Junghunden und durch Hygienemaßnahmen erheblich eingeschränkt. Von den *Bandwürmern* ist nur der bei uns äußerst seltene »dreigliedrige« für den Menschen gefährlich. Wenn der Stuhl von Zeit zu Zeit wie mit Grieß bestreut aussieht, ist Vorsicht geboten. Kotuntersuchung und Behandlungsversuch sollten umgehend veranlaßt werden.

Zur mehrfach angesprochenen *Allgemeinhygiene* gehören eigenes, sauberes Hundelager, gesonderte Freßnäpfe, Verhindern des Ableckens von Händen und Gesicht, ggf. Händewaschen, Beseitigung von Hundekot und kein Mißbrauch von Kinderspielplätzen als Hundeabort. Zusätzliche Sicherheit gewährt eine regelmäßige *Desinfektion* von Lager, Hütte und anderen neuralgischen Stellen. Zumindest in den genannten Verdachts- und Erkrankungsfällen sollte auf diese Sicherheit nicht verzichtet werden. Bei der Auswahl geeigneter Mittel, die Virusarten, Bakterien und Pilze abtöten sollen, verläßt man sich am besten auf den Rat des Tierarztes oder Apothekers. Gegen die dickschaligen Wurmeier wirken nur wenige, speziell für die Nutztierhaltung entwickelte Mittel, die durch besondere Zusätze die Schalen auflösen. Wo solche Mittel nicht zur Verfügung stehen, kann eine Scheuerdesinfektion mit heißer Sodalösung durchgeführt werden. Gegen Ektoparasiten müssen spezielle Insektenvertilgungsmittel eingesetzt werden. Jeder Desinfektion muß eine gründliche Reinigung vorausgehen.

Durch Vorbeuge und Vorsicht lassen sich also Gefahren abwenden, denn »Gefahr erkannt – Gefahr gebannt«. Diese Erkenntnis gestattet einen ungetrübten Genuß der mannigfaltigen Freuden, die mit der Hundehaltung verbunden sind.

Wen soll ich beißen?

Jedem Hund seinen Verein

Züchter und Liebhaber der Boxer haben sich in allen Ländern in Klubs, Vereinen und Verbänden zusammengetan, um eine reinrassige Zucht kontrolliert zu gewährleisten und den Besitzern der Rasse in der Erziehung und Ausbildung auf ihren Übungsplätzen zu helfen.

Dort werden auch Vorträge über Ernährung und Haltung abgehalten, die den neuen und oft auch alten Boxerfreunden wertvolle Erkenntnisse bringen.

Veranstaltungen aller Art wie Ausstellungen und Prüfungen als Schutzhund, Fährtenhund, in Verkehrssicherheit und Ausdauer bereichern das Programm. Jeder wird einmal das Interesse haben, seinen Boxer im Aussehen beurteilt zu wissen, was allein einem Richter zugestanden werden sollte. Wer Spaß an der Sache hat, wird sich über die Leistungen, die in seinem Boxer stecken, ein Ausbildungskennzeichen holen.

Auskunft über die örtlichen Boxerklubs in Deutschland erteilt der Boxer-Klub e.V., Sitz München, gegr. 1896, 8 München 60, Veldener Straße 66.

Die Anschriften der Klubs in anderen Ländern werden vermittelt durch die ATIBOX, eine technische Vereinigung vieler Boxerländer: D-6230 Frankfurt 83, Postfach 830005.

Wir sind . . .

. . . ein Verein!

Bildnachweis